地域に学び、地域を創る

Fujita Takehiro
藤田武弘【編】

Iida Seira
飯田星良・間中　光
Kenchu Hikaru

Sato Atsunobu
佐藤敦信・葉山幹恭
Hayama Mikiyasu

OIDAI
ライブラリー

追手門学院大学出版会

まえがき

地方の農村に出向くと、「先祖代々受け継いできた家や農地も自分の代でもう終わりだ」という嘆きを耳にすることが多い。地域活性化を考える場合、まずは地域に居住する一人ひとりの住民が自らの地域の将来を簡単に諦めるのではなく、次の世代にどう継承するのかという視点から考えることが極めて重要である。

近年、現状追認で目先の課題解決に追われてきた従来型の「フォアキャスト思考」ではなく、数十年先の孫・子世代に残すべき地域社会の有り様を見定め、そこから逆算して達成すべき目標を定める考え方（バックキャスト思考）への切り替えを図ることの重要性が国内外で叫ばれつつある。「地球沸騰化の時代」（グテーレス国連事務総長の発言）に象徴されるように、待ったなしの温暖化対策として欧州諸国を中心に脱炭素型社会へと舵を転換しつつあることはその証左でもある。

しかし、わが国の地域社会に目を転じると、地域住民のみの発想では、深刻化する高齢化や少子化に伴うコミュニティの衰退、そして日常的な生活の不便さのみが目につくばかりで、なかなかポジティブな未来は描けないという現実もある。また一方で、企業（外部資本）誘致さえできれば地域は活性化する・過疎問題は解決できるという施策が「幻想」であったことも、いまや多くの地域にとって周知の事実となっている。

そこで重要となるのが「新しい内発的発展」の考え方である。地域住民の主体的コントロールのもとに、都市部での仕事や人的ネットワークを培ったU・Iターン者や総務省「地域おこし協力隊」に象徴される若者・よそ者などの外部サポート人材を、地域社会の新しい担い手として受け入れようとする動きがそれである。彼らの存在が、地域資源を活用した農業・農村の「六次産業化（農工商連携）」の推進力となり、雇用や税収が地域内部で還流するなどの「地域内再投資力」を高めることにもつながっている点には注目したい。

〝地域に学び、地域を創る〟ことのできる人材育成を掲げる私たち追手門学院大学地域創造学部では、「地域政策・地域デザイン・観光・食農マネジメント」の四つの教育研究領域から構成される実践的な学びや各種の域学連携活動への参加機会を学生たちに数多く提供していることが特徴である。ふるさとの再生に熱い思いを抱いて入学してきた若者が、地域との協働による様々な課題解決活動を通して、地域社会が直面する現状や課題を「他人ごとではなく自分ごととして受け止める（当事者意識を持つ）」ことのできる人材として成長し、地方創生において期待される「関係人口」として活躍し始める姿を目の当たりにできることは教員冥利に尽きる。

ポストコロナ社会においては、持続可能な都市と農村の関係づくり、低い食料自給率やフードマイレージ・フードロスの現状を踏まえた公正かつ持続可能な生産・消費システムの構築等に対する日本社会における国際的・道義的責任がますます鋭く問われることになる。〝地域に学び、地域を創る〟ことのできる人材育成の意義は以前にも増して高まるものと考えられる。

本書は、学生たちと一緒に地域課題の解決に寄り添い、教育研究の最前線を担う本学部の若手教員４名が自身の専門研究と地域との関係について論じたものである。地域創造学部の教育研究の一端を垣間見て頂くことができれば幸いである。

追手門学院大学地域創造学部長　藤田武弘

目次——地域に学び、地域を創る

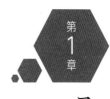

第1章

コロナ禍における創作活動とクリエイティブコミュニティ

飯田 星良

1．はじめに

本稿の目的は、オンラインでの創作活動の提供および享受の現状を確認し、その上でコミュニティ形成の観点から政策として求められることを浮き彫りにすることにある。２０２０年から日本でも本格的に広まった新型コロナウイルス（ＣＯＶＩＤ－19、以下コロナ禍）の影響により、リアルでの会合は自粛されオンライン化の傾向が一気に強まった。文化芸術の分野では、劇場やライブハウスでの活動自粛が求められる中、もともとこうした場所で提供されていた創作活動がインターネット上で配信され享受されるようになった。

通信技術そのものや情報プラットフォームが発展するにつれて、リアルタイムでやりとりが可能なオンラインでの創作活動が広がりを見せた。オンラインで作品を求めて（リアルで行われなかった間はそれを求めざるを得なくて）集まる人が一定数いることは、昨今の配信状況を見れば疑う余地もない。さらにはオンラインでの活動に触発され、リアルでの創作活動の提供および享受の仕方にも変化が生じている。こうした状況を受けて筆者は創造的な場がオンラインでどこまで機能し得るのか、さらにリアルで創造的な場が果たす役割に変化は生じるのか、という問いを強く意識するようになった。

本稿ではまず文化政策の変遷をかいつまみ、創作活動の場が広がったことや芸術活動の他分野との連携による有用性が議論されるようになったことから文化芸術をコミュニティ形成に活用するようになった経緯を確認する。次に、コロナ禍による「場」の広がりと、リアルとオンラインで広がるクリエイティブコミュニティに言及した上で、最後に、行政に求められることをまとめる形で結びにかえる。創作活動を通して人々の繋がりをいかに創造・再生させるかを検討することは、他者との信頼を形成し、延いては一人ひとりが生きがいをもって安心した生活を形成する上で有用である。なお、筆者の長年の関心が舞踊や演劇といった舞台芸術にあることから、ここで芸術として取り上げる事例は造形芸術も一部含まれるものの、主に舞台上で行われるような実演芸術を念頭に置いたものになっていることを留意されたい。

2. ハードからソフトそしてコミュニティへの文化政策の展開

まず文化政策の視点から創作活動の場の変遷について確認する。[*1] １９８０年代後半から１９９０年代にかけてはハード面が重視され、各自治体において公共文化施設や音楽ホールが次々と設立された。急増した施設では、貸し館事業を中心に管理運営が進められたものの費用がかさみ、「ハコモノ」行政として批判を受けることとなった。１９９０年代後半からはその施設で何を行うかというソフト面が重視されるようになり、自主文化事業が一層推進されたほか、２０００年代に導入された指定管理者制度による管理体制がとられ、地域の特色をより反映する場の運営に取り組まれるようになった。ただし、施設の運営に対する予算配分はプロジェクトごとあるいは年度単位での補助が中心で、長期的な視点での運営を検討していくことが難しい実情があり、それは現在も変わらない。そして、２０１０年代は２０１２年に制定された「劇場、音楽堂等の活性化に関する法律」（通称：劇場法）に代表されるように、劇場や音楽堂での活動を通して人々が互いに関わり合うことで、地域コミュニティが創造されまた再生されることに期待が寄せられるようになった。

ソフト面が重視されるようになった１９９０年代後半は、需要側の裾野を広げ供給側の活動の場を広げるという意義をもつアウトリーチ活動が始まった時期でもある。教育や医療、福祉、防災など、普段文化芸術に触れる機会が少ない人でもホールや芸術関連施設外で創作物を享受できる機会が積極的に創出されるようになった。具体的には学校や病院、寺社仏閣、民家、広場といった場所が創作活動の場として見出されることになった。こうして都市の中に芸術が存在することで、創作活動は単に消費される対象ではなく、創作者と享受者、享受者同士、享受者と施設関係者らを繋げる新しい交流を生みだす対象となってきた。

創作活動の享受を単純な消費から交流の機会と捉え直す流れを受けて、近年では創造的な活動がもたら

＊1　文化政策の変遷については根木（２０１０）や野田（２０１４）などを、文化政策の多様なセクターへの展開については小林（２０１８）を参照のこと。

す新たなコミュニティ、クリエイティブコミュニティ[*2]がより着目されるようになっている。クリエイティブコミュニティの在り方は様々だが、ここでは芸術的な価値があるような活動がなされているか、社会的な結束が生まれる環境になっているか、お互いに信頼関係を築けているか、関係者の幸福度が高まるような活動になっているか、どんな人でもコミュニティに参加する包摂体制が整えられているか、といった要件を満たしていることで定義されるものとする。

劇場や音楽堂に限らず創造的な活動ができる場として、全国的に多くのアートセンターが設立され、その重要性についての議論も進められている。[*3]アートセンターをはじめ街全体に創作活動と出会う場が増え、創作活動に従事する人も増えれば、クリエイティブコミュニティが形成される。クリエイティブクラスがより重視される現在の社会経済においてこうした隆盛はより歓迎される傾向にある。Putnam（2006）が指摘するように、芸術を目的にした文化的な活動の副産物として社会関係が構築される（５１０頁）ことは明らかで、日本全国で芸術活動を起点にクリエイティブコミュニティが形成される事例も数多くみられる。

3．創作活動の他分野への波及と日本政府の方針

創造的な場において人々は今まで出会ったことのないような人と交流するようになったり、作品に触れることでこれまでの価値観が揺さぶられるような体験をしたりすることもある。こうした新たな気づきがイノベーションを生み、社会経済をより豊かにすることを日本政府も期待している。

吉本（２００８）は文化政策の方針として「教育や福祉などの行政分野、民間ビジネスにもつながる産業振興、そしてまちづくりや地域再生などを視野に入れた「広義の文化政策」の重要性が高まってくる」（３９頁）と指摘した。実際、２０１７年には文化芸術振興基本法が改正され文化芸術基本法となり、文化芸術を保護、発展させるという従来の立場に留まらず、文化芸術を起点にまちづくり、教育、医療、福祉、産業など他分野との連携を通じて生み出される様々な価値を活用していくという総合的な文化政策が展開されるようになった。[*4] またクリエイティブ産業の伸展を受けてか、同年内閣府主導で「文化経済戦略」（内閣官房・文化庁、２０１７）が提示され、文化芸術の経済的産業的な価値に特に言及し、他分野との連携は一層推し進められるようになった。２０２０年には「文化観光拠点施設を中核とした地域における文化観光の推進に関する法律」が制定され、文化の振興を起点とした文化観光を推進し、文化・観光の振興や地域の活性化にも力が入れられるようになった。

＊2　都市におけるコミュニティの重要性の話については、Putnam（2006）のほか先行して議論が蓄積されており、過去の議論を包括的に論じることは本稿の意図するところではないため割愛する。また、クリエイティブコミュニティの議論は、ポスト工業都市の在り方として提示された創造的都市の流れを汲んで議論されることも多い。創造的都市についての議論は例えばFlorida（2008）を参照のこと。

＊3　例えば京都芸術センターを取り上げた松本（２００５）や可児市文化創造センターを取り上げた衛・本杉（２０００）を参照のこと。

＊4　文化芸術基本法の内容については河村・伊藤（２０１８）が改正点も含め詳細にまとめている。

文化芸術基本法第二条第十項には基本理念として「文化芸術に関する施策の推進に当たっては、文化芸術により生み出される様々な価値を文化芸術の継承、発展及び創造に活用することが重要であることに鑑み、文化芸術の固有の意義と価値を尊重しつつ、観光、まちづくり、国際交流、福祉、教育、産業その他の各関連分野における施策との有機的な連携が図られるよう配慮されなければならない」と明記されている。文化芸術は本来の価値とともに、他分野との連携で波及する影響も重視されていることの表れである。

コロナ禍において創作者のインターネット上での活動が一層活発になり、享受者は本物の作品に触れる機会が減った代わりに、画面上で手軽に享受できるようになった。またプラットフォームやアプリの幅が広がり配信サービスが普及したことで、現在では創造的な場そのものに広がりが見られるようになった。こうした状況下において創作活動が人々に与える影響も一層強まることが期待される。

4. 創造的な「場」の広がり

だれでも気軽に動画をアップロードして共有できるプラットフォームやアプリは多岐にわたる。その一つでも覗いてみると創造的な場、創造的なコミュニティは居住地域を超えて成立していることが明らかである。例えば毎日定時にオンライン配信を行う配信者がいれば、その時間に決まって参加する固定の享受者ができる。その内容を楽しみに集まってきた享受者は互いに趣味を共有しており、その嗜好性が似ている以上、享受者同士での交流も生まれる。創作者がインターネット上で作品を提供することは単に一人から多数に発信できるというだけでなく、創作者を通じた新たなコミュニティの形成に繋がっている。さらに、サービスによっては享受者の嗜好性から類似のコンテンツをＡＩが薦めるため、ある配信で集まる享受者が別の配信でも集まり、その関係がより強固になる傾向がある。

コロナ禍をきっかけにインターネット上での作品の提供が一気に広がったようにも感じられるが、コロナ禍はその潮流を加速させたに過ぎない。もともと２０００年代にはニコニコ動画やYouTubeといった動画配信プラットフォームを通じてインターネットを主軸に活動する層がいた。単に創作者が自身で創作した作品を配信し享受者が楽しむという関係だけでなく、作品に影響を受けた人が二次的にさらに創作を加えていくいわゆる「歌ってみた／踊ってみた」動画も数多くインターネット上にあげられ、創作活動が創作活動を生み出す循環が生まれた。２０１０年代には多くのオンライン配信のプラットフォームが構築され、生配信ができたり、投げ銭システムで即時的に配信者個人に投資したりすることができるようになった。

通信技術の発展に伴いオンライン活動がより活発になることはもとより見込まれていたことではある。コロナ禍をきっかけに変わったことは、リアルでの発信が主流だった層が、劇場やライブハウスの使用が困難になったことにより発信する機会を失い、オンラインでの活動に一気に流れたことであろう。現在では可能な時にリアルでの活動をしつつも様々なプラットフォームを活用してオンライン配信を定期的に行う、というスタイルで活動する層がいる。オンラインで出会った人たちがリアルでの活動の際に集い、直接会って交流するという場合も各所で見受けられる。

筆者は２０１９年度および２０２０年度に同一サンプルに対して継続的にウェブ上でのアンケート調査[*5]を実施している。図１にあるように調査の中の「自由な時間の過ごし方」[*6]について、２０２０年４月から

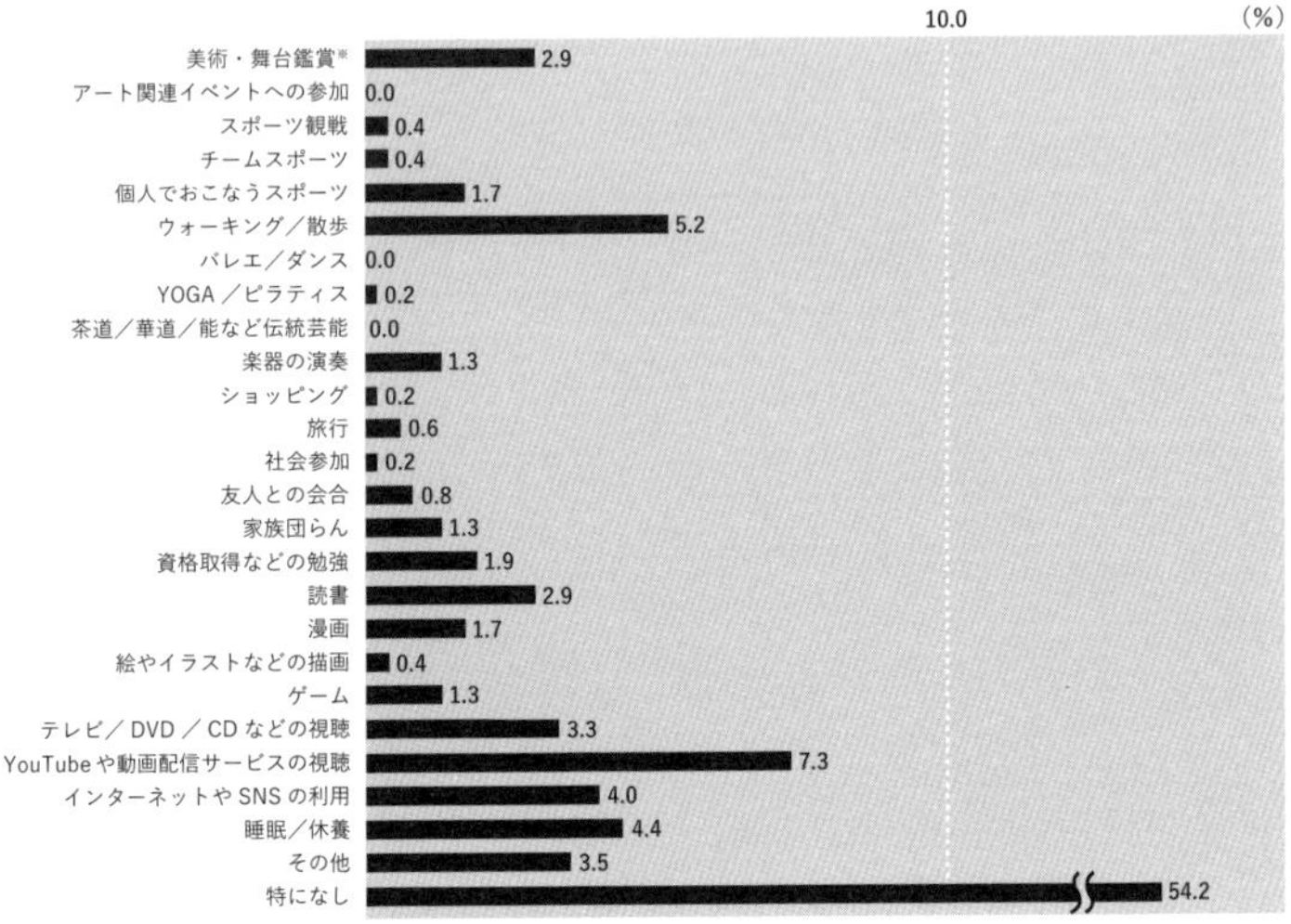

※美術鑑賞・クラシック音楽鑑賞・ポピュラー音楽鑑賞・演劇鑑賞・オペラ／ミュージカル鑑賞・ダンス／バレエ鑑賞・大衆芸能鑑賞・伝統芸能鑑賞の回答の総和

図１　自由な時間の過ごし方

５月に発出された緊急事態宣言中に新たに始めたもの[*7]の中では、「YouTubeや他の動画配信サービスの視聴」が７・３％と選択肢の中で最も割合が高かった（「特になし」を除く）。今までとは異なる層が参入することで多様なニーズが生まれ、提供者のインターネット上での活動がより安定する傾向にあることが窺える。

Klinenberg（2021）は、インターネットやソーシャルメディアの発展は個人のネットワークを規模と多様性の両面で拡大させたことを認めているものの、同時に物理的空間で繰り返し交流をはぐくむ過程なくしてコミュニティは発展していかないと主張する。東（２０１４）は、インターネットの繋がりは嗜好の類似性を高めるために人々の強い繋がりになるが、リアルでの繋がりは弱いものに過ぎないとした上で、リアルで弱く繋がることで、これまでとは違う概念と出会い多様な関係を構築していくことができるという。リアルでの活動が主流だった層がオンラインに流れたことで新たなクリエイティブコミュニティが生じている。そしてそのコミュニティはリアルとオンライン両方を行き来することでより広く持続的になること

＊5　調査は「社会生活に関するアンケート」と題し２０１９年度（２０２０年3月）および２０２０年度（２０２１年3月）に調査会社インテージに登録しているモニターに対し性年代別に均等になるよう回答を回収した。２０１９年度の回答者数は６７５、そのうち２０２０年度にも回答した者は３９４であった。本文では継続回答した３９４サンプルの結果を示している。

＊6　２０１９年度調査に含まれる質問項目であり、設問文は「あなたは普段どのようなことをして、自分の自由な時間を過ごしていますか」である。回答者は次の項目から該当するものを複数選択した。美術鑑賞・クラシック音楽鑑賞・ポピュラー音楽鑑賞・演劇鑑賞・オペラ／ミュージカル（2.5次元を含む）鑑賞・ダンス／バレエ鑑賞・大衆芸能（サーカス／パントマイムなど）鑑賞・伝統芸能（能／歌舞伎／狂言／日本舞踊）鑑賞・アート関連イベントへの参加・スポーツ観戦・チームスポーツ（サッカーや野球など）・個人でおこなうスポーツ（水泳やランニングなど）・ウォーキング／散歩・バレエ／ダンス・ＹＯＧＡ／ピラティス・茶道／華道／能など伝統芸能・楽器の演奏・ショッピング・旅行・社会参加（ボランティア活動や地域行事などへの参加）・友人との会合・家族団らん・資格取得などの勉強・読書・漫画・絵やイラストなどの描画・ゲーム・テレビ／ＤＶＤ／ＣＤなどの視聴・YouTubeや動画配信サービス（Amazonプライムビデオ／Netflix／Huluなど）の視聴・インターネットやソーシャルメディア（LINE／Twitter／Instagramなど）の利用・睡眠・休養・その他。

＊7　２０２０年度調査に含まれる質問項目であり、設問文は「２０２０年4月～5月に発出された1度目の緊急事態宣言期間以降の生活の変化について、新しく始めたことを教えてください」である。回答者は２０１９年度に自由な時間の過ごし方で回答した項目以外の選択肢を示され、その中から複数選択した。

表1　クリエイティブコミュニティとオンラインクリエイティブコミュニティの対応表

項目	クリエイティブコミュニティ	オンライン クリエイティブコミュニティ
目的	文化芸術的価値の創造・創造性の創発など	
時間的制約	リアルタイム	
活動の場	対面	オンライン
地域への影響	大きい	小さい
参加者の影響	弱く広がりを持つ	強く深まる

が期待される。

クリエイティブコミュニティの恩恵を社会が最も享受できるのは、創作者がリアルとオンラインで活動することで生まれる、双方のコミュニティが重なるところにあると考えられる。ここで一度クリエイティブコミュニティとオンラインクリエイティブコミュニティの対応表とそれが重なるところの概念図を表1と図2に示す。

オンラインにてライブ配信が享受されることで、インターネット上でも作品をただ鑑賞するだけではなく、提供者と享受者そして享受者同士が時間を共有できるようになった。これが、オンラインクリエイティブコミュニティが成立しうる前提となる。創作者のスタイルは様々で一概には言えないものの、これまでリアルでのみ活動してきた創作者は、活動地域やその住人が持つ魅力、関係者とのやりとりなどから刺激を受けることも多くあったと考える。周りから刺激を受けて制作に取り組む創作者にとって、

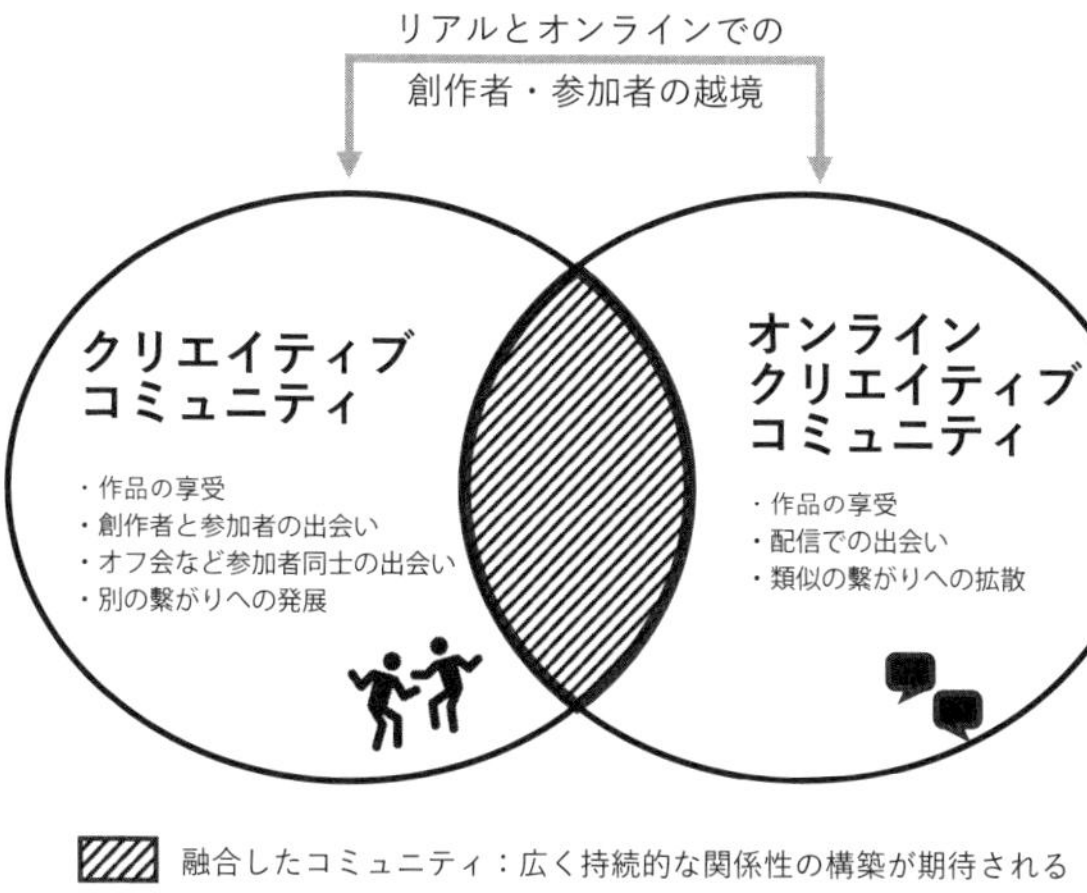

図２　重複するコミュニティの概念図

地域を訪れることができない状況下でのリサーチは難しいが、インターネット上で周りの人からコメントを得られる状況があれば、そこから刺激を受けて創作活動に繋がることもある。オンラインでもリアルでもクリエイティブコミュニティが、創作者の活動を継続するモチベーションに繋がる。オンラインで発生したコミュニティを活かすためには、引き続きリアルでの活動も求められよう。また、リアルでの活動で知り得た情報がインターネット上でまた繋がり、より広いコミュニティに繋がる。こうしたリアルとオンラインの流動的な関係が今後の持続可能なコミュニティの在り方として考えられる。

5．広がった創造的な場で行政に求められること

リアルとオンラインの双方での活動を促進することが、クリエイティブコミュニティがより広がり強まることの要となる。インターネット上での活動は

民間主体でどんどん進められていく。著作権の保護やメタバースを含めた環境制度設計などは除き、インターネット上での創作活動に特化して行政が積極的に絡んでいかなければならないことはないのかもしれない。特に絵画の分野においてはデジタル・アート化の動きも進んでいる。ＮＦＴ（non-fungible token：非代替性トークン）を活用することで、インターネット上で作成した絵画作品に偽造されないデジタルデータの存在が保障されるようになった。ＮＦＴアートはインターネットのメリットを活かして、その固有性とともに長期的な影響も辿ることができる。創作者は自分の作品が二次流通するたびに一定のロイヤルティを得られるため、作品の価値を継続的に高めるために活動に力を入れる。参入には仮想通貨が必要なことや制度の保障がないことなど整備に不安要素は残るが、惹きつけられる創作者は多いと推察される。その分、リアルでの活動が手薄になってしまう可能性がある。

行政としては、創作者にとってリアルでの活動がやりやすいものになるよう一層の工夫を求められている。特に、リアルでの特徴を打ち出しやすい観点として地域性を押し出した作品・団体を大事にしていくことが必須となる。これまでも地域にみられる独自性に着目した政策はとられてきた。例えば、文化庁（２００９）は地域における文化芸術の振興として地域文化の活性化、各地域の取組の支援、地域レベルでの人材の育成などをあげている。また、文化・芸術の振興による創造性豊かな地域づくりを目指す一般財団法人地域創造や、各自治体の芸術文化振興財団を通じた多岐にわたる助成も行われている。

しかしながらその助成の仕方については、まだ議論の余地がある。コロナ禍においても、日本政府は特定の職業に対する保護は行わないという立場に立ち、芸術家らの活動休止に伴う損失補償はしないという方針をとった。一方で、新たな公演を打つといった新事業に対する支援には予算をつけることとなった。

プロジェクトごとに対する補助はなされるが、芸術家の長期活動に対する補助は認められないということだ。長期的な活動の目途が立たない中で、創作に打ち込むことができる人がどれだけいるだろうか。そうした検証は現在もなされてはいない。

文化庁のコロナ禍における文化芸術関係者に対する支援情報についてはホームページ上にまとめられた。確認すると、「文化芸術団体等の積極的な活動を支援」「地域の文化芸術団体等の連携による公演等を支援」「新規性・創造性が高い文化芸術プロジェクトを支援」といった、プログラムや公演に対して支援する形式になっていることが窺える（文化庁、２０２１）。また、そうした支援においても、補助額は半分でプロジェクトにかかる費用すべてが賄われるわけではない。

中村は評価には説明責任としての評価、事業をより良くしていくための改善のための評価、社会的意義を示していくアドボカシーのための評価と、一口に評価といっても様々な側面があるという（文化庁×九州大学共同研究チーム、２０２１、１３４頁）。予算を確保する意味では、プロジェクトにどれだけの意味があったのか説明しやすいほど良い。長期的な支援ではなくプロジェクトベースの支援になるのは、そうした評価が少しでもしやすくなり、税金の使途を説明し、国民の納得感を得やすくするためだと理解はできる。

ただし、先に確認している通り、行政としても文化芸術の持つ多様な価値を評価し、政策として活用しようとしている。様々な波及効果が期待される以上、事業ごとに必ずしも予定していた結果を得るわけではない。したがって、個別プロジェクトの企画書ベースの評価から、長期的活動に対する評価が可能になるよう予算の確保と評価制度[*8]を別途検討していくことが求められる。特に、文化芸術を含めた創作活動の影響は、当初の目的と違う所に表れたり、思いもよらないほど長い時間が経った後に表れたりすることもあり、その評価は特に難しい。どういった観点から評価を行うのが適しているのか、申請者と助成元で密にコミュニケーションを取りながら模索され決定されることが望ましい。必ずしも年度ごとに一律にアウトカム評価を行って評価が高いイベントに継続的に予算がつくという状況は好ましいわけではない。

今後長期的な活動が見込みにくい状況では、創作者はどんどん手軽にでき、より多くの人にアプローチができるインターネットに流れていく。一方でリアルとオンラインの融合した形のクリエイティブコミュニティが広く強く社会に影響をもたらすと考えられる。その恩恵を最も受けるためには、創作者の活動のしにくさという観点から足が遠のきそうなリアルでの活動を一層強化していくことが求められる。創造的な場の有用性を認識し、クリエイティブコミュニティを活用していくためには創造的なことを行う創作者の活動環境の在り方を今一度見直す時だと考える。

6. まとめにかえて

本稿では創造的な活動でもって交流を促す場としてクリエイティブコミュニティがあることを確認した。コロナ禍において創作活動をオンラインで配信する傾向に拍車がかかった。行政においては、文化芸術の幅広い価値を期待し享受する以上、現在の補助金制度や評価制度には創作者の長期活動を見据えて見直すべき観点がある。

作品の提供についてはコロナ禍においてもリアルとオンラインのハイブリッド作品の提供など様々な工

夫がなされた。時間が経つにつれ、こうした工夫に合わせて制度やシステムが改善されるだろう。コロナ禍は過程に過ぎないと思わせてくれる工夫を創作者たちは虎視眈々と仕掛けている。彼らの活動をより展開させ、多くの人が関わりあり、創作やコミュニティから刺激や生きがいを得て、最終的に社会に活力を持たせるため、どんな制度作りが叶うのか引き続き検討をしていきたい。

＊8　文化事業に対する評価については、熊倉（2020）がピアレビュー方式の在り方を詳述し、文化庁×九州大学共同研究チーム（2021）が多様な評価の可能性についての議論をまとめている。

【参考文献】

Florida, Richard (2008)『クリエイティブ資本論――新たな経済階級の台頭』［*The Rise of the Creative Class*］（井口典夫訳）、ダイヤモンド社（原著出版年２００２）

Klinenberg, Eric (2021)『集まる場所が必要だ――孤立を防ぎ、暮らしを守る「開かれた場」の社会学』［*Palaces for the People: How Social Infrastructure Can Help Fight Inequality, Polarization, and the Decline of Civic Life*］（藤原朝子訳）、英治出版（原著出版年２０１８）

Putnam, Robert (2006)『孤独なボウリング――米国コミュニティの崩壊と再生』［*Bowling Alone: The Collapse and Revival of American Community*］（柴内康文訳）、柏書房（原著出版年２０００）

アーツ・コンソーシアム大分（２０１８）「平成29年度アーツ・コンソーシアム大分構築計画実績報告書――クリエイティブな文化と評価へ」https://www.pref.oita.jp/uploaded/life/1056591_2141073_misc.pdf（最終閲覧日２０２３年３月24日）

東浩紀（２０１４）『弱いつながり――検索ワードを探す旅』（幻冬舎）

衛紀生・本杉省三（２０００）『地域に生きる劇場』（芸団協出版部）

河村建夫・伊藤信太郎（２０１８）『文化芸術基本法の成立と文化政策　真の文化芸術立国に向けて』（水曜社）

熊倉純子（２０２０）『アートプロジェクトのピアレビュー』（水曜社）

小林真理（２０１８）『文化政策の現在２　拡張する文化政策』（東京大学出版会）

内閣官房・文化庁（２０１７）「文化経済戦略」https://www.cas.go.jp/jp/seisaku/bunkakeizaisenryaku/pdf/

senryaku_siryou.pdf（最終閲覧日２０２３年３月24日）
根木昭（２０１０）『文化政策学入門』（水曜社）
野田邦弘（２０１４）『文化政策の展開――アーツ・マネジメントと創造都市』（学芸出版社）
文化庁（２００９）「地域における文化芸術の振興」、『文化芸術立国の実現を目指して』（第２部第３章、２０５―２２０頁）https://www.bunka.go.jp/tokei_hakusho_shuppan/hakusho_nenjihokokusho/archive/pdf/r1402577_21.pdf（最終閲覧日２０２３年３月24日）
文化庁（２０２１）「新型コロナウイルスの影響を受ける文化芸術関係者に対する支援情報窓口」https://www.bunka.go.jp/koho_hodo_oshirase/sonota_oshirase/2020020601.html（最終閲覧日２０２３年３月24日）
文化庁×九州大学共同研究チーム（２０２１）『文化事業の評価ハンドブック――新たな価値を社会にひらく』（水曜社）
松本茂章（２００５）『芸術創造拠点と自治体文化政策 京都芸術センターの試み』（水曜社）
吉本光宏（２００８）「再考、文化政策―拡大する役割と求められるパラダイムシフト　―支援・保護される芸術文化からアートを起点としたイノベーションへ―」、『ニッセイ基礎研所報』（vol.51, pp.37-116）

謝辞

本稿は追手門学院大学プロジェクト型共同研究奨励費制度のもと調査が進められました。またＪＳＰＳ科研費 JP21K13518 の助成を受けた調査結果が含まれます。

第2章 観光とコミュニティ――たかが観光、されど観光

間中 光

1．はじめに

2023年7月に『観光が世界をつくる――メディア・身体・リアリティの観光社会学』が明石書店より出版された。同書の「はじめに」において、編者の1人である山口誠は、観光社会学者の須藤廣の「たかが観光、されど観光」という言葉を紹介し、「ここには、現代社会における観光の本性が、そして観光を研究することの本質が、言表されている」（山口、2023、3頁）と述べている。

同書は、こうした観光の両義性のうちに見える近代社会のメカニズムを「スードウ・ワールド」あるいは「観光化する社会」をキーワードとして文脈的に問うものであるが、本稿でも、この観光の両義性＝「たかが観光、されど観光」を手がかりに、観光とコミュニティの関係性について、インドネシアにおける被災地の観光を事例にその一端を紹介したい。

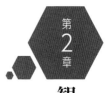

2．「たかが観光」とは言い切れない

本稿を始めるに当たり、個人的な経験から始めることをお許しいただきたい。筆者は大学生時代、理由もなく「せっかく大学生になったのだから、海外に行きたい」と漠然と考えていた。一方で「ただ単に観光で海外に行くのもつまらない」とも感じていた。この観光について、ＵＮＷＴＯ（国連世界観光機関）は「余暇・ビジネス・その他類似の目的をもって、自宅など定住的場所を離れて旅行し、訪問国の滞在期間を含め旅行期間が1年未満のものをいう。ただし、訪問国で報酬の稼得を目的とするものは除く」(United Nations Department of Economic and Social Affairs, 2008, p.10）と定義しているが、こうした定義を示さずとも、我々にとって観光は身近なものであろう。日本においても、高度経済成長期以降、誰もが観光を楽しめるマスツーリズム時代の中で、家族旅行・修学旅行・卒業旅行・新婚旅行など我々は何かと理由をつけては観光を楽しんできた。しかし、「観光客向け」「観光用の」などの言葉にどこか軽薄なイメージが付きまとうように、当時の筆者にとっても、観光はどこか表層的なイメージを持つものであり、海外に行く目的として物足りなさを感じていた。

その後、海外の被災地で防災教育を行う学生ボランティアサークルに入った筆者は、スリランカやインドネシアで活動を行い、その中で開発援助・災害復興・住民組織などコミュニティにとって「重要」と思しき事象に関心を持った。大学院進学後に留学したインドネシア・ジョグジャカルタ特別州でも、修士論文のテーマとした住民組織に関連した調査をすすめていたが、1年の留学期間も残り2か月となった頃、近郊の活火山であるムラピ山が噴火した。発生した火砕流・土石流は死者３８６名、倒壊家屋２８５６棟

図１　観光客とバイク屋台
（2010 年 12 月 25 日筆者撮影）

図２　被災集落が運営する臨時駐車場
（2010 年 12 月 25 日筆者撮影）

という甚大な被害を地域社会にもたらし、筆者はこれまで文献や映像、語りなどを通じ学んできた「被災」を目の当たりにしたのである。

２０１０年10月下旬から始まった噴火活動も12月初旬に沈静化し、最大40万人にものぼった避難者は各自の自宅に戻っていった。しかし、火砕流・土石流によって家屋や家畜、田畑を失った集落では、避難所から仮設住宅へ、そして集団移転先に造成された復興住宅への入居に至る復旧・復興過程を歩んでいくこととなった。こうした過程の中で筆者が驚いたのは、被災地を訪れる多数の観光客、そしてそれを積極的に受け入れる被災者の姿であった（図1・図2）。後述するように、この被災地の観光は拡大し、コミュニティの災害復興に大きな影響を与えることとなる。

「軽薄で」「表層的な」はずの観光が、コミュニティの喫緊で「重要な」課題である災害復興と結びついている。「たかが観光」と言い切ることへの疑念を筆者が抱いた瞬間であった。

3. コミュニティ課題と観光

それでは、被災した個人・コミュニティの復旧復興に、観光は具体的にどのような影響を与えたのか、その一部を紹介しよう（間中、２０１７&２０１８）。

被災当初、多くの観光客が向かったのはマリジャン翁の住んでいたキナレジョ集落であった。このマリジャン翁とはジョグジャカルタ王宮の廷臣たる山の番人（Juru Kuni）の職にあった人物である。毎年、ムラピ山で行われる王宮行事を取り仕切っており、２００６年の噴火の際には、政府からの避難勧告に従わず山腹にある自宅に留まり、王宮と人々の安寧を祈り続けた。その「職務への誠実さ」はメディアで報道され、「勇敢な人物」としてエネルギードリンクのテレビＣＭにも登用されるなど高い知名度を誇っていた。２０１０年の災害の際にもマリジャン翁は「職務への誠実さ」から自宅に留まり祈りをささげたが、火砕流の直撃を受け死亡した。マリジャン翁死亡のニュースは、連日テレビや新聞で取り上げられ、警戒避難レベルが引き下げられた12月以降、多くの観光客が自家用車やバイクを用いてキナレジョ集落を訪問し、自宅や集落の様子を見て回った。

ムラピ山の被災地では、こうした「死や苦しみの場所を旅する行為」（Stone, 2006, p.146）と定義されるダークツーリズムだけでなく、宗教団体や大学、企業などの組織が清掃や片づけ、植樹等を行うボランティアツアーも行われていた。このような「さまざまな理由から、休暇中に社会の一部のグループが抱える物質的貧困への支援や緩和、特定の環境の修復、社会や環境に関する調査などを含む組織的なボランティア活動を行う旅行（Wearing, 2001, p.1）」と定義されるボランティアツーリズムとダークツーリズムによって、被災地の観光が形成されていった。

災害発生から半年が経ち、被災者が仮設住宅への入居を始める頃になると、ボランティアツーリズムはその活動を目にする機会も減少する半面、ダークツーリズムは、被災地の象徴的な遺構や民間の災害ミュージアム等を周遊するジープツアーへとその姿を変えていく。このジープツアーは、噴火による石砂が残る悪路を、風を切って走るジープの疾走感が人気を呼び大きな成功を収め、その結果、2011年には4つの運営団体が計10台を保持する程度であったジープツアーは、地域住民のさらなる参入によって、2017年には27団体661台が稼動するまでに至った。またこの拡大は、運営団体間の競争と差別化に繋がり、ツアーの行先は既存の遺構・施設に加え、水しぶきを上げながら疾走できるポイントや乳しぼり体験ができる牛舎なども加わり多様化していった。

それでは、ダークツーリズムとボランティアツーリズムの生成・ダークツーリズムの拡大・ツーリズムの多様化とその姿を急激に変えてきた被災地の観光は、被災した個人・コミュニティにどのような影響を与えたのだろうか。筆者が調査したP集落を事例に、その収入推移から説明しよう（図3）。

2010年の噴火で被害を受けたコミュニティの多くが、肉牛・乳牛の飼育を中心とした畜産業、コーヒー豆や丁子の栽培による農業、林業などの第一次産業を主たる生業とする山村であった。筆者が調査した人口311名のP集落も同様の山村であり、職住一体の暮らしゆえに、火砕流の直撃を受け、家屋のみならず、すべての家畜や田畑・森林を焼失する被害を受け、世帯収入の大半を喪失した世帯が多数であった。

その後の復旧・復興過程において、住民らは畑や所有林から堆積物を除去し、苗木を植え直すとともに、再建された共同牛舎にて乳牛・肉牛の飼育を再開した。しかし、それらの出荷が可能となるまでには数年

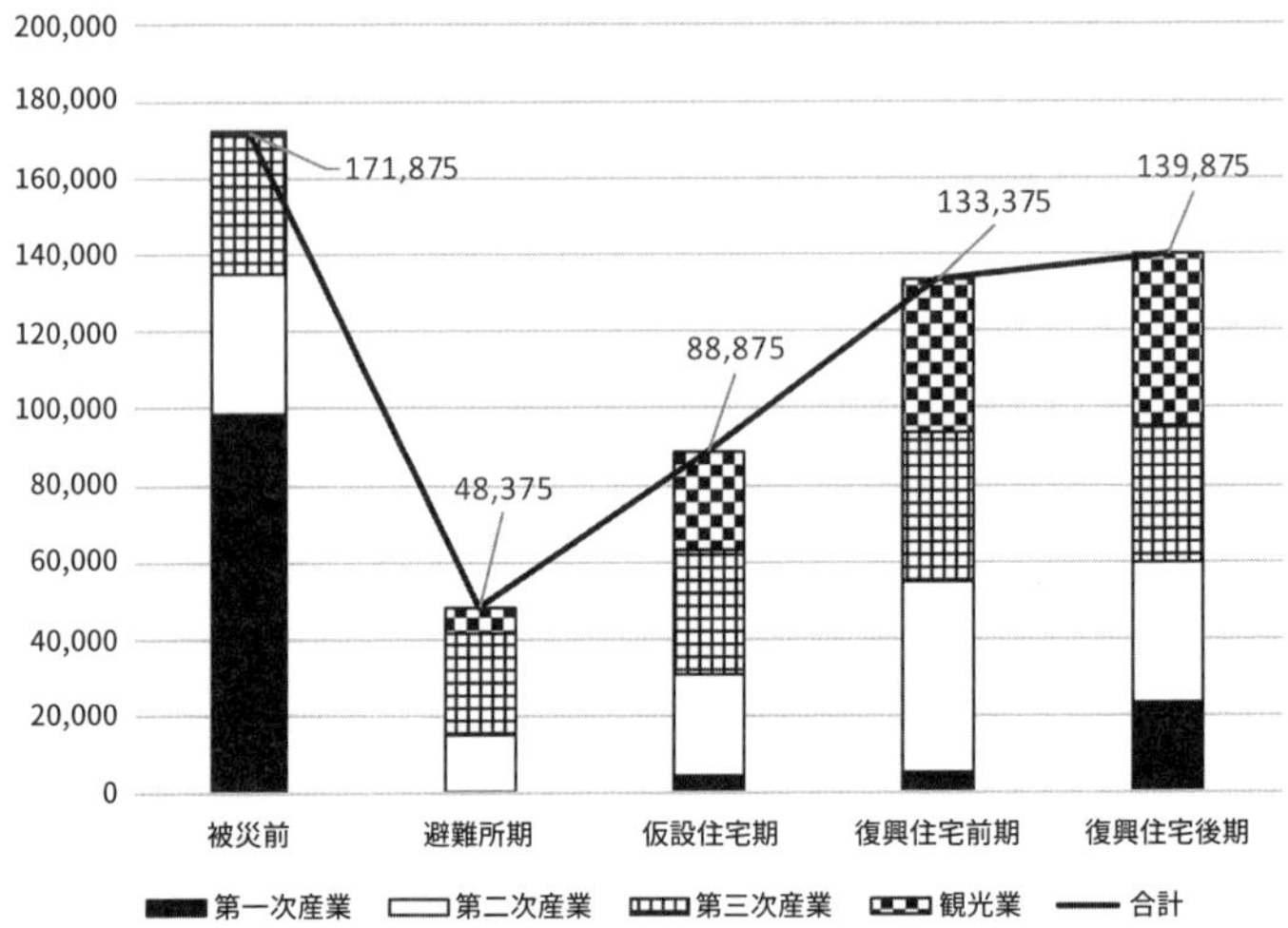

注）単位：1,000 ルピア。避難所期は被災 0 〜 6 ヵ月、仮設住宅期は被災 7 ヵ月〜 2 年、復興住宅前期は被災 2 〜 4 年、復興住宅後期は被災 4 〜 6 年に該当。

図 3　P 集落の産業分類別総収入の推移（87 世帯）（出典：間中 , 2018, p.23）

を要し、被災前の収入水準にまで回復するにはさらに長い年月を要した。一方で、先述の通り、この期間において被災地の観光はその姿を急速に変えつつ拡大・発展を遂げてきた。P集落においても、避難所期よりマリジャン翁の集落へ出向き、観光客へお土産や飲料を売ることで少額の収入を得る住民が現れ始め、その後もジープツアーのガイド兼運転手、災害ミュージアム前の土産店やコミュニティリーダーらが立ち上げた入域料徴収所での勤務などを通じ、少なくない住民が被災地の観光から収入を得ている。

この入域料徴収所は、公的な性格を有し、住民であればだれもがシフト制で勤務することができる。もっとも、入域料徴収所での仕事と比べてより高額な収入が期待できるジープツアーのガイド兼運転手の仕事はジープの購入費用を工面できた者に限られるなど、経済的恩恵の限定性という課題はある。しかし、被災を契機に生み出された観光需要が、復興過程の長きにわたって被災者の収入となり、コミュニティの復興を下支えしていることも事実である。

このように、災害復興というコミュニティの課題に対し、被災者となったムラピ山山麓の住民らは、観光を自らの生存戦略の中に取り込むことで地域生活の維持を図っていた。

4．コミュニティと「されど観光」

第二次大戦以降、日本を含む先進国がマスツーリズム時代を迎える中で、開発途上国とされる国々でも、観光は比較的着手しやすい経済発展の手段として採用されてきた。こうした観光開発は途上国のコミュニティや人々の生活に現金収入の機会をもたらす一方で、開発による自然環境の破壊や、利益分配の不平等などの課題が指摘され、エコツーリズムやコミュニティ・ベースド・ツーリズムなどオールタナティブな観光の在り方が模索されてきた。こうした流れの中で、観光研究では、ホスト・ゲスト・ブローカーの相互作用から観光を捉え、ゲストとブローカーのホストに対する優位性（e.g. 江口、１９９８）やその背後にある「帝国主義としての一形態としての観光」（Nash, 1989/2018　市野澤・東・橋本訳）という構造を批判的に考察する一方で、ホスト社会の実践の中に、観光のもたらすチャンスを利用する戦略（e.g. Wall & Mathieson, 2006）を見出し、経済利益の最大化に限定されない多様な観光との向き合い方（e.g. 須永、２０１２）を示してきた。

先述したムラピ山の事例においても、住民らは自然災害によって期せずして生まれた観光需要を前に、それを災害復興に向けたチャンスと捉えて積極的に参入する一方で、多くの住民が畜産業や農業、林業など自身の生業としてきた仕事の再開も目指している。被災後の生活における観光の位置づけは個人によって異なるものの、被災というコミュニティの課題に観光を活用するムラピ山住民の実践は、観光研究が明らかにしてきた「観光のもたらすチャンスを利用する戦略」や「多様な観光との向き合い方」の発露の一例として捉えることも可能であろう。

振り返れば、コロナ禍前の２０１９年当時、先進国・途上国を問わず世界は観光客であふれていた。ＣＯＶＩＤ—19の感染拡大はこうした観光の盛況に冷や水を浴びせたかに見えたが、ＣＯＶＩＤ—19関連の規制が緩和された今、京都などの観光地では既にコロナ前と変わらないような状況にあり、オーバーツーリズムの問題が再燃している。

こうした状況の中で、観光とコミュニティの関係性を考えるに当たっては、「たかが観光」からコミュニティの生活をいかに守るのかという視点だけに留まるのではなく、観光をコミュニティの未来や課題と重ね合わせ、「観光のもたらすチャンスを利用する戦略」や「多様な観光との向き合い方」について真摯に検討を重ねていく「されど観光」の視点も必要であろう。

5. 真正性と観光

ここまで、コミュニティにおける観光の可能性についてその一部を紹介してきた。しかし、そもそもなぜ私たちは観光に対し「たかが観光」に象徴されるような、どこか本質的でないという印象を抱くのだろうか。次にこの「たかが観光」について「真正性」をキーワードに考えていきたい。

２０２３年に入り、インバウンド市場が回復を果たす中で、東京都墨田区にある土俵付きレストランが、元力士による「相撲ショー」や元力士との「対戦」などを楽しむことができるとして外国人観光客から好評を博している（読売新聞、２０２３）。

こうした相撲のような「伝統文化」をショーのような形で観光の対象とする行為については、日本に限らず世界中の観光地で行われ、しばしばその「真正性（Authenticity）」が問われてきた。そして、大学生時代の筆者が観光というものに表層的なイメージを持っていたように、当初は、観光を通じて体験できるものは偽物の文化・伝統に他ならないと捉えられてきた。

ブーアスティンは、「イギリスの支配階級や貴族の子弟たちが、教育の最後の仕上げとして体験することになる比較的長い期間のイタリア旅行（岡田、２０１０、1頁）」であるグランドツアーに代表されるような自発的で危険に満ちた「旅（Travel）」と比較し、計画的で偶発性に欠ける「観光（Tourism）」では、人々は観光地の本来の姿や文化よりも、旅行雑誌やガイドブックなど観光メディアが作り上げたイメージを確認するために現地へ向かい、その演出された「偽物」と言うべき「疑似イベント」に満足していると論じた（Boorstin, 1961/1964　星野・後藤訳）。一方、マキャーネルは、観光客であっても本物志向であることにかわりはないとした上で、「疑似イベント」に満足せず、その「舞台裏」とも言うべき「本物」のホスト社会の生活や文化を探し求めた先にたどり着くものも、ホスト社会によってつくられた「演出された舞台裏」に過ぎないと論じている（MacCannell, 1976/2012　安村他訳）。

しかし、その後の観光研究では、ブーアスティンやマキャーネルの議論が前提としていた「本物の体験／偽物の体験」という枠組み自体が問い直されることとなる。

その一つに「本物の体験／偽物の体験」を判断する基準となる真正性とは固定された静的なものなのかという問いがある。ブーアスティンは旅に、マキャーネルはホスト社会にこそ「本物の体験」があると捉え、その反対に「偽物の体験」である観光を位置づけており、「本物の体験」と「偽物の体験」を二項対立の固定的な図式として静的に捉える点は共通していた。しかし、コーエンは、真正性は客観的に存在するものではなく、交渉可能なものであると指摘する(Choen, 1988)。そして、その真正化のプロセスとして、世界遺産認定に代表されるような科学的な知識に基づき、制度的・学術的に真正性が与えられる「クールな真正化」に加えて、訪問者を含めたその場所やイベントに関わる人々の信念や実践を通じて真正性が創出される「ホットな真正化」をあげている（Choen & Choen, 2012)。

こうした「ホットな真正化」のプロセスをめぐり、文化人類学者の橋本和也は、「観光の現場でも、ホスト側や上演者の、一生懸命伝えよう、演じようとする真摯な姿勢があれば評価され、両者の出会いや交流は『真正なものがたり』を紡ぎだすことができる」（橋本、２０１１、２４３頁）と真正性における「真摯さ（Sincerity）」（Taylor, 2001）の重要性を指摘しつつ、アートプロジェクトを事例に、外部の要素が地域の人々に受容され、地域の人々の活動によって地域のものとして真正性を獲得していく「地域化」のプロセスを明らかにした（橋本、２０１８）。

このように観光研究では、ブーアスティンやマキャーネルが想定したような、真正性は所与のもの・客観的なものであるとする「客観的真正性」の視点にのみ留まるのではなく、ホスト・ゲスト・ブローカーの相互作用を通じ、その意味が書き換えられていくものであるとする「構築的真正性」について検討を重ねてきた[*1]（Wang, 2000）。無論、すべての観光客が自身の観光体験に真正性を求めているわけではないものの（Choen, 1988, p.377; Urry & Larsen, 2011　加太訳、２０１４、１７６頁）、本物らしさとは何かという点は、「たかが観光」と思われることの多い観光にあって常に問われ続けている。

しかし、こうした真正化のプロセスも、グローバル化の進展を背景にした「場所間競争（Urry, 2007　吉原・伊藤訳、２０１５、３７４頁）」と無縁ではない。アーリは、現代世界では「諸々の移動を背景にして、全世界のほとんどすべての場所同士の関係が訪客のフローによって媒介されており、場所という場所が訪客のフローの受け手として再構成される」と述べ、場所のストラクチャリングとリストラクチャリングの常態化を指摘しているが（Urry, 2007　吉原・伊藤訳、２０１５、３８６―３９４頁）、真正化のプロセスにおいても、「場所間競争」の中で他の場所と類似しない特徴的な「真正性」が求められている。

6. 真正性と場所間競争

こうした真正性と場所間競争の関係について、インドネシア・ジョグジャカルタ特別州にある新Ｎ地区を事例にみてみよう（間中、２０１９）。

＊1　紙面の都合上、本稿では取り上げないが、その他、社会的には真正性が構築されていないが、ゲストである観光客個人の中に存在する「実存的真正性」についても検討が重ねられている（Wang, 2000）。

図４　立ち並ぶドーム型住宅
（2009年９月12日筆者撮影）

図５　新Ｎ地区内にあるドーム型モスク
（2009年９月12日筆者撮影）

この新Ｎ地区は、２００６年5月27日のジャワ島中部地震において地滑り被害を受けた旧Ｎ集落の世帯を中心に、丘陵地帯に住居を構えていた53世帯が、地滑り再発への懸念から平地の村有地へ集団移転したことによって生成された復興住宅群のことを指す。

マグニチュード６・３の巨大な地震となったジャワ島中部地震では、人口集積地域であったジャワ島地域に死者５７１６名、倒壊家屋30万件以上という大きな被害をもたらした。そのため、新Ｎ地区の復興住宅が完成を迎えた２００７年前後は、同州の至る所で家屋の再建が進められていたが、その中にあって新Ｎ地区の復興住宅はその特異な外見から人々の注目を浴びた。同地区の住宅建設に当たっては、人々の生活改善を使命とし、“EcoShell”と名付けたドーム型住宅を途上国で建設してきたＮＧＯであるＤＦＴＷ（Dome for the World Foundation）が主体となり、中東の政府系企業からの資金援助を受けて建設を行った。建設に当たっては、同州にある国立大学で建築を専門とする教員からアドバイスを受けるとともに、地方自治体・地域住民との意見交換を行い、それを踏まえた設計変更が行われたが、ドーム型住宅というコンセプト自体は維持された（図4・5）。

こうして建設された新N地区の復興住宅は、純白の外壁と半円形の曲線という外観から新聞やテレビなどで度々取り上げられ、その姿を一目見ようと多くの人々が新N地区を訪れた。来訪した観光客たちは、レンガやブロックが積み上げられた壁にオレンジ色の瓦という家屋が立ち並ぶジャワ島にあって、その特異なドーム型復興住宅の姿や人々の暮らしを見て回った。また一部の住民らも、ドーム型の住宅や共有施設の内部を案内する情報センターや軽食屋台、駐車場などを立ち上げ観光客に対応した。

このように、当初の新N地区は、その特異な外観を持つ住宅とそこでの暮らしを見られる場所として多くの観光客をひきつけていたが、被災から4年が経過した2010年頃になると、同地区の観光では「テレタビスの家」というイメージが強調されるようになる。このテレタビスとはイギリスのBBCが制作した幼児向け番組であり、インドネシアでも放映され高い人気を博した。このテレタビスのキャラクターたちが暮らす住居が半円形の曲線という特徴を持っていたことから、ドーム型集落もその完成直後から「テレタビスの家」という別名で呼ばれていた。こうした中で、2009年頃から村有地の継続使用と引き換えに村役場へ借地料を支払う必要が生じた新N地区では、組織的に観光運営を行うことで観光収益を拡大化させ、それを借地料に充当させるという方針が住民間で合意された。そして、観光運営の中心となった若者たちは、個人客の収益化や団体客向けプログラムの多様化をすすめていくが、その中で、観光客を呼び込む戦略の一環として「テレタビスの家」というイメージが強調され、観光客向け施設・設備に同キャラクターをプリントするとともに、キャラクターの着ぐるみとの写真撮影サービスなどが行われた。その結果、2013年ごろからは借地料の全額を観光収益から支出することが可能となるなど一定程度の経済的成功を収めるに至った。

しかし、2015年ごろになると新N地区を取り巻く環境に変化が生じ、観光収益が下落し始める。インドネシアでは2000年代における民主化・地方分権化の流れの中で、観光政策においても地域社会の尊重や住民のエンパワーメントが重視され、2009年からは文化・観光省によって、村民による観光計画の作成・実施・管理を目指す取り組みが開始された（間中、2021）。その結果、インドネシア各地では多数の観光村（Desa Wisata）が誕生し、新N地区のあるジョグジャカルタ特別州スレマン県でも2015年には38か所の観光村が活動を行うに至った。こうした中で、新N地区では、引き続き「テレタビスの家」というイメージを前面に打ち出していたが、実際に行われる団体客向けプログラムの内容がムカデ競争・大玉転がし等のゲーム・トレッキング・田植え体験・ホームステイなど周辺の観光村と変わらないものであり、一人当たりの消費額が大きい団体客の獲得に苦労するようになっていった。そこで同地区では、団体客向けプログラムの見直しを図ることとなるが、その中でドーム型住宅や地滑り跡などが災害の記憶・防災といった文脈から見直されることとなる。そして、他の観光村にない特徴として、語り部による案内や地滑り跡の見学などを取り入れた減災教育プログラムを立ち上げ、団体客向けプログラムの主軸として観光収益の回復を目指すこととなった。

このように新N地区の観光は、自らが住まうことになった復興住宅が、期せずして特徴的な外観を持ち得ていたことに端を発し、その特徴がメディアにより広く報じられたことによって、同地区は観光地という場所として構築される（ストラクチャリング）こととなった。しかし、その後の復旧復興過程の中で、村役場への借地料問題がコミュニティ課題として出現し、観光収益の安定・拡大が求められた。新N地区は「場所間競争」の中で「テレタビスの家」という場所として再構築（リストラクチャリング）され、周辺と観光村との差別化を図る中で「減災教育」の場所として再々構築されていった。

7．真正性と「たかが観光」

先述した通り、観光研究では、本物らしさとでも言うべき真正性について、ホスト・ゲスト・ブローカーの相互作用を通じ、その意味が書き換えられていくものであるとの視座から研究が蓄積されてきた。新N地区の真正性についても「構築的真正性」の視点から捉えるならば、メディア報道や情報センター等における地域住民の語りなどを通じた「特徴的な住宅と人々の暮らし」というものから、その後の「テレタビスの家」というイメージの流布を経て、「被災体験・歴史」というものへとその内容が変化したと理解することができる。しかし、この変化は、ホスト・ゲスト・ブローカーという関係者間の相互作用だけによって引き起こされているのではなく、周辺の場所よりも魅力的であり続けるための「場所間競争」からも大きな影響を受けていたこともまた事実である。

こうした点を踏まえるならば、「モビリティーの時代（遠藤、２０１８）」と評される現代では、地域の真正性は「一生懸命伝えよう、演じようとする真摯な姿勢」と「たかが観光」と状況に応じて変化させていく軽やかさの間に存在するとも言えるだろう。

【参考文献】

Boorstin, D.J.（1962）*The image; or What Happened to the American Dream*. Atheneum.（星野郁美・後藤和彦訳（1964）´『幻影の時代――マスコミが製造する事実』東京創元社）

Cohen, E.（1988）Authenticity and Commoditization in Tourism. *Annals of Tourism Research*. 15（3）, 371-386.

Cohen, E., & Cohen, S.（2012）. Authentication: Hot and Cool. *Annals of Tourism Research*, 39（3）, 1295-1314.

MacCannell, D.（1999）. *The Tourist: A New Theory of The Leisure Class*. University of California Press.（安村克己・須藤廣・高橋雄一郎・堀野正人・遠藤英樹・寺岡伸悟訳（2012）『ザ・ツーリスト――高度近代社会の構造分析』学文社）

Nash, D.（1989）Tourism as a Form of Imperialism. In Smith, V. L. *Hosts and Guests: The Anthropology of Tourism*. University of Pennsylvania Press.（市野澤潤平・東賢太朗・橋本和也監訳（2018）『ホスト・アンド・ゲスト―観光人類学とは何か―』ミネルヴァ書房）

Stone, P.（2006）A dark tourism spectrum: Toward a typology of death and macabre related tourist sites, attractions and exhibitions. *Tourism: An Interdisciplinary International Journal*, 54（2）, 145-160.

Taylor, J.P.（2001）Authenticity and Sincerity in Tourism. *Annals of Tourism Research*, 28（1）, 7-26.

Urry, J.（2007）Mobilities. Polity Press.（吉原直樹・伊藤嘉高訳（2015）『モビリティーズ――移動の社会学』作品社）

Urry, J. & Larsen, J.（2011）*The Tourist Gaze 3.0*. Sage Publication.（加太宏邦訳（2014）『観光のまなざし――

増補改訂版』法政大学出版局）

United Nations Department of Economic and Social Affairs. (2008) International Recommendations for Tourism Statistics 2008. Retrieved October 27, 2023, from https://unstats.un.org/unsd/publication/Seriesm/SeriesM_83rev1e.pdf

Wall, G., & A. Mathieson. (2006) *Tourism: change, impacts and opportunities*. Pearson Prentice Hall.

Wang, N. (2000) *Tourism and modernity. A sociological analysis*. Pergamon Press.

Wearing, S. (2001) *Volunteer Tourism: Experiences That Make a Different*. CABI.

江口清信（１９９８）『観光と権力――カリブ海地域社会の観光現象』（多賀出版）

遠藤英樹（２０１８）「ツーリズム・モビリティーズ研究の意義と論点」（関西学院大学社会学部紀要・１２８、９―２０頁）

間中光（２０１７）「災害復興における観光の役割と課題――インドネシア・ムラピ山噴火災害を事例としたダークツーリズムの再定位」（観光学評論・５（２）、２１５―２３０頁）

――（２０１８）「被災地の観光発展から見る地域社会のレジリエンス――インドネシア・ムラピ山噴火災害におけるジープツアーを事例に」（観光学・18、２３―３１頁）

――（２０１９）「観光をめぐるブリコラージュ実践とダークネス――インドネシア・ドーム型復興住宅群における観光活動を事例に」（立命館大学人文科学研究所紀要・１２１、１０３―１２７頁）

――（２０２１）「コミュニティ・ベースド・ツーリズムをめぐる認証と応答」（立命館大学人文

科学研究所紀要・125、285―313頁)
橋本和也(2018)『地域文化観光論――新たな観光学への展望』(ナカニシヤ出版)
岡田温司(2010)『グランドツアー――18世紀イタリアの旅』(岩波書店)
須永和博(2012)『エコツーリズムの民族誌――北タイ山地民カレンの生活世界』(春風社)
山口誠(2023)「はじめに」(須藤廣・遠藤英樹・山口誠・松本健太郎・神田孝治・高岡文章編『観光が世界をつくる――メディア・身体・リアリティの観光社会学』明石書店)
読売新聞(2023年9月3日)「[東京ホットぷれいす2023]新たな土俵で勝負」(朝刊、25頁)

第3章

大都市圏のフードバンクによる支援拡大と運営上の課題

佐藤 敦信

1．はじめに

２０１５年に国連で採択された持続可能な開発目標（ＳＤＧｓ）にもあるように、現在、社会経済において生産・サプライチェーンにおける食品の損失を減少させることが求められている。この背景の一つとして、日本のフードサプライチェーンでは適切な需給調整が図られてこなかったことが考えられる。欠品を過度に回避しようとするため、恒常的に多量の食品ロスが発生するのである。[*1] そして、食べ残しや賞味

＊１　食品ロスの発生メカニズムとフードバンクを含む問題解消策の経済学的分析については、小林（２０２０）が詳しい。

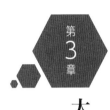

期限切れ、消費期限切れ、売れ残りなどで捨てられる食品は日本国内で年間500万t以上発生しており、農林水産省（2022）によると、食品ロス量は2012年度が642万t、2014年度が621万t、2016年度が643万t、2018年度が600万t、2020年度が522万tと若干の増加がみられる年度もあるが概ね減少傾向を示しており、2020年度の内訳は事業系が275万t、家庭系が247万tとなっている。こうした状況に対して、日本は食品リサイクル法や食品ロス削減推進法などの法整備を通じて、食品事業者、行政、消費者に対して食品ロス発生の抑制に関する取り組みを促している。[*2] その一方で、所得格差の拡大や孤食といった問題により、子ども食堂や母子家庭、その他の福祉団体においては食品への需要が一層高まっている。[*3] とりわけ子ども食堂については、2019年に発生した新型コロナウイルス感染症（以下、COVID―19と表記）の流行以降でも箇所数が増加傾向を示していることから、依然として地域社会において重要な居場所となっており、こうした拠点で提供される食品もまた一定程度必要になることに変わりはないと推察される。[*4] さらに、施設単位だけではなく、個人単位でも生活困窮者が増加している。以上のような過剰と不足が偏在する問題を解消するため、フードバンクが果たす役割も重要になっている。

フードバンクとは、品質や賞味期限に問題がなく、まだ食べられるにもかかわらず廃棄されるような食品を、食料支援を必要としている施設に供給する活動、またはその活動をする団体のことを指す。生産、流通、消費の各過程において発生する未利用食品をフードバンクは寄付という形で受領し、それを必要としている個人あるいは施設に提供しているのである。これにより廃棄される予定であった食品はその使用価値を取り戻すことができる。さらに、支援する食品企業にとっては、フードバンクを活用することで廃棄にかかるコストを削減でき、食品を受け取る福祉団体などでも食費や施設の運営コストを節約できるというように双方にメリットが生まれる。フードバンクは国内での生産者と消費者、または消費者同士を結び、効果的な食料供給の在り方を検討する上で無視することのできない取り組みであると言える。

現在、日本国内で活動するフードバンクの多くは非営利を謳い、ボランティアにより大部分の活動が支えられている。食品ロス削減と生活困窮者などへの支援がより一層求められる中で、フードバンク活動も拡充する必要に迫られているが、そこには支援先に再配分される食品と運営資金、ボランティアをいかに安定的に獲得していくのかという課題がある。[*5] そして、この課題は活動の規模が大きくなるほど顕著になる。このような問題意識に基づき、認定ＮＰＯ法人フードバンク関西（以下、フードバンク関西と表記）

＊２　食品事業者や消費者に関連する具体的な取り組みとしては、１／３ルールなどの商慣習の見直しや、てまえどりの促進などが挙げられる。

＊３　佐藤編（２０１８）は、社会福祉の観点からフードバンクの食料支援の社会保障システムにおける位置づけや、フードバンクの実際の取り組みから生活困窮者支援の在り方についても論じている。

＊４　特定非営利活動法人全国こども食堂支援センター・むすびえが公表しているこども食堂全国箇所数調査の結果によると、日本の子ども食堂箇所数は２０１８年に２２８６箇所、２０１９年に３７１８箇所、２０２０年に４９６０箇所、２０２１年に６０１４箇所、２０２２年に７３３１箇所と増加している。「２０２２年度こども食堂全国箇所数発表（２０２２年12月速報値）（https://musubie.org/news/6022/）」より（２０２３年１月７日確認）。

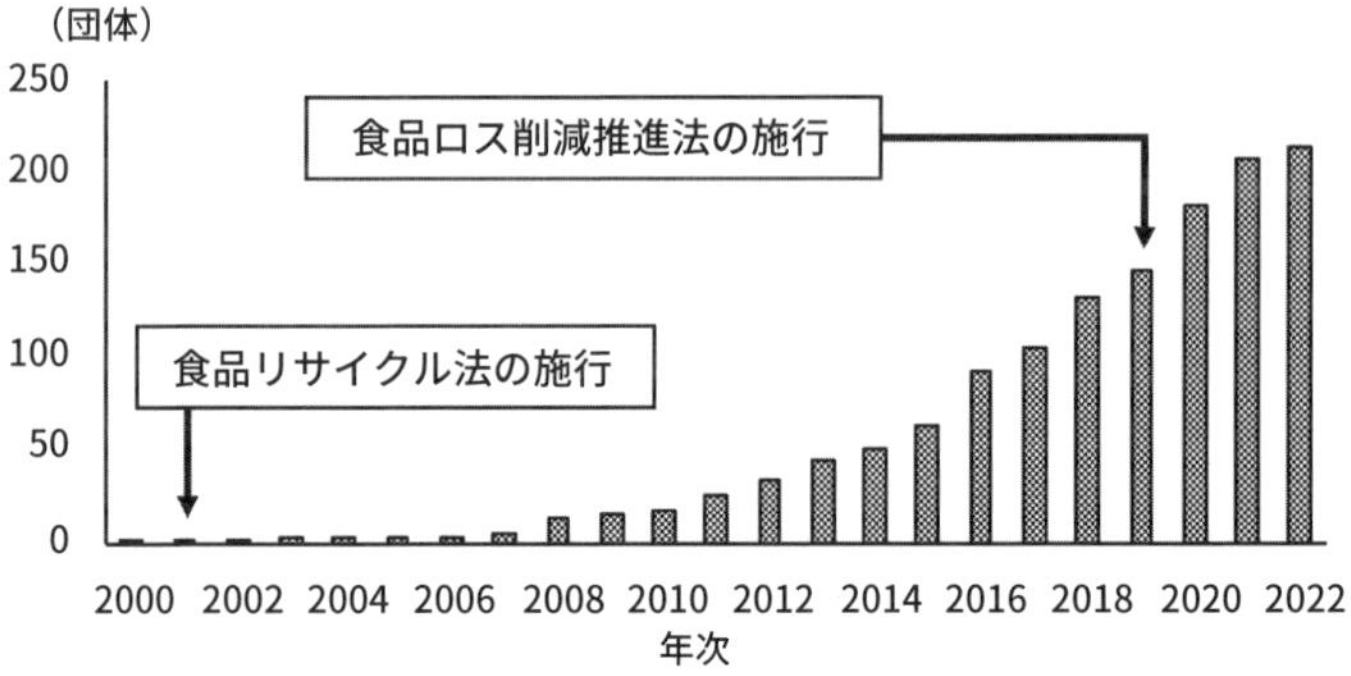

資料：農林水産省「フードバンク活動団体一覧（令和 4 年 10 月 31 日時点）」より作成。
注　：農林水産省が活動している 215 団体のうち 1 団体はフードバンク活動の開始年が不明であったことから、本図からは除外した。

図１　フードバンク活動を行う団体数の推移

を事例に、フードバンクが地域における食品ロス削減や食品を必要としている施設や個人への再配分機能をどのように拡充させているのかを明らかにする。[*6] 本章では、以下の構成から課題に接近する。２で日本国内におけるフードバンクを農林水産省の公表資料などから概観し、本章での事例対象の概要を整理する。３では、フードバンク関西の取り組み実態と課題を、(ⅰ) 支援対象の拡大、(ⅱ) 寄付の受領、(ⅲ) 活動人員の拡充の３点から述べる。最後に４において３の結果に基づく今後のフードバンクの持続可能性を展望したい。

2. 日本におけるフードバンクと事例対象の概要

(1) 日本におけるフードバンクの普及

フードバンクは１９６７年に米国で開始され、その後、欧州やアジアにも拡大してきた。日本国内での活動をみると、２０２２年10月31日時点で農林水産省が活動を把握しているフードバンクは２１５団体である。図１は各団体のフードバンク活動を開始した年をもとに、各年でのフードバンクを行う団体数を表したものである。日本では２０００年から活動がみられ始めるが、増加が加速したのは近年になってからということが分かる。現在では各都道府県でフードバンク活動がみられるようになり、各団体は拠点を置く地域における食品の有効利用に寄与しているほか、一部の団体では、他団体と寄付食品を融通し合うといった動きもみられる。さらに、２０１９年には食品ロス削減推進法でフードバンクへの支援が明記されたほか、農林水産省も食品ロス削減及びフードバンク支援緊急対策事業などを通じてフードバンク活動の強化を促しており、こうした活動の食品ロス削減と生活困窮者への支援に対する貢献には大きな期待が寄せられていることが分かる。

（２）事例対象の概要

本章で事例とするフードバンク関西は兵庫県神戸市に拠点を置く団体である。２００３年に任意団体として活動し始めており、日本国内でも初期に設立されていることから、その活動経験も豊富に蓄積されて

＊５　小林・野見山編（２０１９）では、多機能性への評価、運営資金、受給者満足と品揃えの３つの観点から、日本のみならずフランス、韓国、イギリス、オーストラリアなど諸外国・地域におけるフードバンクの活動実態についても分析している。

＊６　本章のフードバンク関西に関する記述は、２０２２年7月25日に実施したヒアリング調査の結果と、同法人が公表している「事業報告書」各年版に基づく。

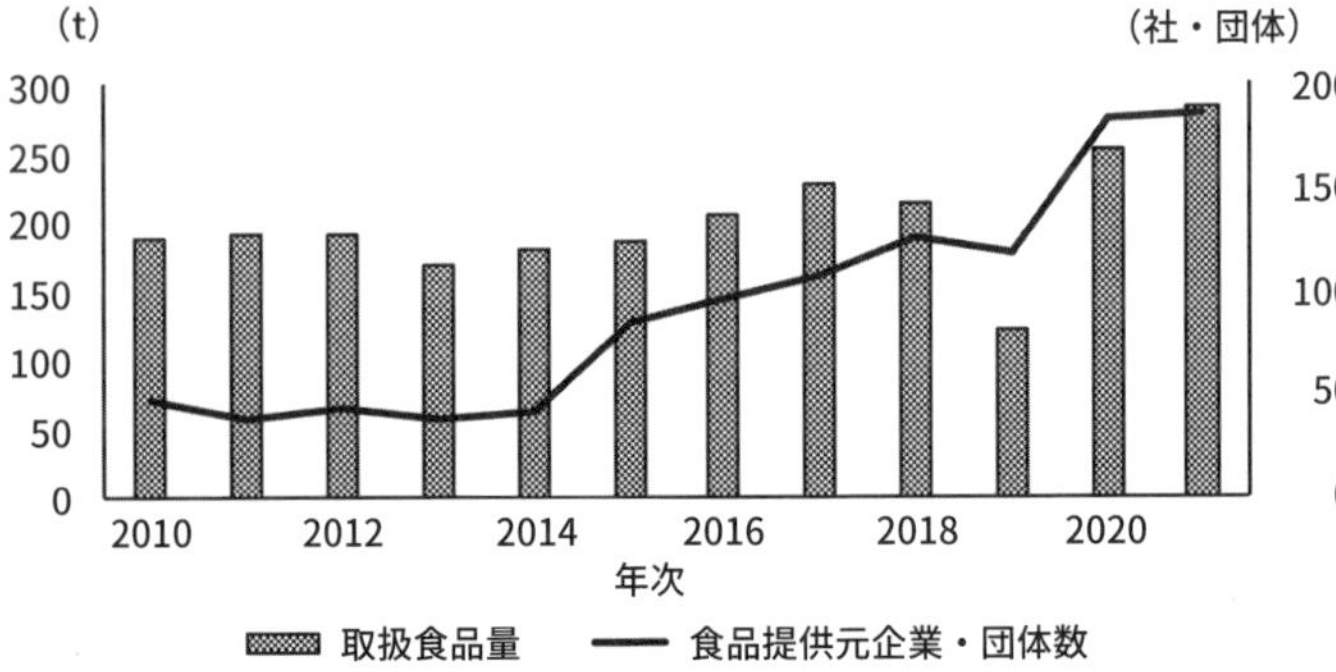

資料：フードバンク関西「事業報告書」各年度版より作成。
注１：2019 年度は事業年度変更のため７ヶ月の数値である。
注２：食品提供元企業・団体数は、フードバンク関西が公表している事業報告書に記載されている入庫明細のうち、食品関連企業・法人と防災備蓄食品旧品の数値を合算したものである。

図２　フードバンク関西における取扱食品量と食品提供元企業・団体数の推移

いると推測できる。２０２２年時点で、正会員が約30名、ボランティアが約１２０名所属しており、役員を含めボランティアによって運営されている。以下では、フードバンク関西が毎年公表している事業報告書などに基づき、食品の回収と再配分の動向を整理したい。フードバンク関西は、インスタント食品や調味料、菓子、缶詰、冷凍食品、冷蔵食品、パン、野菜、果物を取扱食品としている。これらの食品は事務所兼倉庫への持ち込みや郵送、フードドライブ、他のフードバンクからの調達、[*7]フードバンク関西による訪問などで回収される。

　図２はフードバンク関西の取扱食品量と食品提供元企業・団体数の推移を表したものである。取扱食品量は２０１０年に１８７ｔであったのが、２０１６年に２０５ｔ、２０２１年に２８２ｔと、各年で若干の増減はあるものの概ね増加傾向を示しており、フードバンクがもつ食料再配分機能の重要性が高まっていることが窺える。また、食品

提供元企業・団体数も上記3箇年を抽出すると、47社、96社、１８５社というように、より顕著に増加している。フードバンク関西はこれまで食品企業や生活協同組合[*8]などから、食品の提供に関する合意書を交わしたうえで食品を提供されている。この合意書には、①フードバンク関西が提供された食品を社会福祉施設などに無償で譲渡し、要支援生活者に無償で提供する以外には利用しないこと、②食品提供元企業・団体は提供する食品について消費期限または賞味期限までの間、食品の安全性を保証し、フードバンク関西は、受領後に適切に保存し、消費期限または賞味期限までの使用について管理することなどが明記されている。フードバンクは、品質保持や転売しないことを条件に企業や団体から食品を提供してもらい、安

＊7　フードバンク関西は公益財団法人フードバンク連盟の認証団体であり、同じく認証団体である認定ＮＰＯ法人セカンドハーベスト名古屋などと情報交換をしながら、フードバンク間で必要な食品を融通し合っている。

＊8　２０１９年6月19日に実施した生活協同組合おおさかパルコープ（以下、おおさかパルコープ）に対するヒアリング調査によると、おおさかパルコープではフードバンク関西に組合員がキャンセルした分の米を提供しているとのことだった。その一方で、組合員から子ども食堂への食品提供の要望があったことから、フードバンク関西などからのノウハウ提供を受けて、２０１７年にフードバンク事業を開始した。おおさかパルコープの店舗での在庫品のほか、２０１８年からフードドライブでの食品回収も行っており、こうして回収された食品は、枚方物流センターでボランティアが仕分けし、各子ども食堂へ配送される。おおさかパルコープの公表によると、２０２２年5月時点で、提供を受けているのは子ども食堂が73団体79箇所、シングルマザー支援団体が4団体とのことである。

全性の確保のために適切に管理することで提供元の社会的印象を損なわないようにしているのである。また、後述するように市役所や社会福祉協議会とも食のセーフティネット事業で事業協定を締結させ、個人が寄付食品の受け取りを希望する場合、市役所や社会福祉協議会の相談窓口へ問い合わせることで、フードバンク関西に支援の依頼が届くようになっている。

3．事例対象の取り組みと課題

（1）支援対象の拡大

フードバンク関西は社会的必要性に応じて、これまで食料の再配分先の対象地域の拡大と支援の多様化に迫られてきた。対象地域については、2012年に芦屋市社会福祉協議会や尼崎市民福祉振興協会と食のセーフティネット事業の協定書を締結したことを皮切りに、尼崎市役所、高砂市役所、西宮市や宝塚市、三田市などの社会福祉協議会とも同様に協定を結んでいる。[*9] 現時点での支援対象地域は兵庫県南部と大阪市の一部であり、大阪市については施設や団体のみを対象としている。

また、食料支援の多様化については、2015年に困窮する母子世帯を支援する子ども元気ネットワーク事業を、2016年から兵庫県南部の子ども食堂に食材を提供する兵庫こども食堂ネットワーク事業をそれぞれ実施している。2020年にはコロナ禍緊急支援プロジェクトとして約1200世帯に、同年末には年末ひとり親世帯支援食品パックプロジェクトとして約500世帯にそれぞれ宅配で食品を供給している。フードバンク関西は、ＣＯＶＩＤ—19の流行を経て、食料支援の方針を大きく転換させた。ＣＯＶ

ＩＤ―19流行前は個人を対象にして食品を直接配送することはせず、原則として居住地の自治体の福祉課や社会福祉協議会などから要請を受け、担当部署を通じて個人世帯に食品を提供していた。しかし、コロナ禍で生活困窮者が一層増加したことから、①対象者が経済的困窮の状況下にあり、行政の相談に繋がるまでに至急食品の入手が必要になっているものの、それが困難であること、②行政の支援制度の範囲では対応が難しいひとり親世帯などであること、③原則1回限りであることという条件を満たした場合に、個人世帯へ直接支援することになった。さらに、年2回、困窮する子育て世帯を公募し、食品パックを宅配で直接届ける事業も始めている。[*10]社会福祉施設などから求められる食品の数量は従前と変わらない一方で、子ども食堂やフードパントリーの依頼が増加したことにより、必要とされる食品の種類も増えている。このような状況から、フードバンク関西及びそこで活動するボランティアの作業量は多くなり社会的役割も大きくなっている。

（2）寄付の受領

フードバンク関西においても、食品と資金の確保が不可欠であり、これらの多くは寄付によって賄われ

＊9　フードバンク関西は２００５年までは尼崎市に、２０１７年までは芦屋市に事務所を設置していたことから、まず事務所がある自治体から協定締結を目指していたことが窺える。

＊10　食品パックには、1人が1週間程度生活できるだけの食品が入っているだけではなく支援団体の情報もあわせて提供されている。

ている。上述の通り、フードバンク関西の取扱食品量はコロナ禍においても増加傾向にある。また、各年度において食品提供元企業・団体が変わることはあるものの、総数が増加していることは、企業におけるCSRの拡充やフードバンクの啓発活動の双方が影響していると考える。2021年度の取扱食品量を提供元別引取重量でみると、食品関連企業・法人が193t、個人が29t、防災備蓄食品旧品が25t、フードドライブが24t、他のフードバンクが11t、フードバンク関西による購入が170kgとなっており、いずれも重要な食品調達ルートである。ただし、食品関連企業・法人は129法人で取扱食品総量の68%を占めるため、1法人当たりの提供重量が大きく、個人は883人もの多数で10%を占めるまでになっていることから、その提供構造は異なる。

また、事務所兼倉庫の維持や配送車両の配備、冷蔵庫や冷凍庫の設置も会費、寄付金、助成金などを原資としている。そして、フードバンク関西「事業報告書」各年版で運営資金の獲得が課題として指摘され続けていることからも、安定的に資金を獲得していくことの重要性が窺える。さらに内訳をみると、2021年度の経常収入のうち、寄付金は61%を占め、フードバンク関西の運営にあたって不可欠になっている。寄付金は2018年度が781万円、2019年度が639万円、2020年度が2097万円、2021年度が1920万円と推移しており、コロナ禍において大きく増加している。また、企業だけではなく個人からも社会貢献のため高額の寄付がみられるようになった。

（3）活動人員の拡充

企業などからの食品の回収や、仕分け、社会福祉施設などへの配送といった活動をボランティアが担うケースは少なくない。[*11]そのため、フードバンクはボランティアなどの活動に依存していると言えよう。フードバンク関西のＨＰでも常時ボランティアの募集を案内しており、各種活動例が紹介されている。フードバンクの活動を継続あるいは拡大していく上では、活動に長期的に参加し続けるボランティアを安定的に獲得していく必要がある。とりわけコロナ禍においては、生活困窮者が増加するとともに、そのような人々の食料需要への対応もより一層重要になっている。フードバンク関西でも食料の再配分にかかる業務が増加していることから、活動人員の拡充は不可欠になる。

フードバンク関西では、ボランティアの応募者に対して、まず面接をして、指定された時間に来所しての作業が継続できるかどうかの確認をする。問題ないと判断された場合は仮登録をして試験的に活動に参加することになる。試用期間中の活動は、提携先との関係について理解することを目的に、すでに活動しているボランティアとともに食品配送作業を２回して、事務所内での事務作業を１回行う。その後、実際の作業と応募者のイメージとの乖離がない場合は本採用となる。フードバンク関西のボランティアへの応募者数はコロナ禍においても増加しており、２０１９年以前に２～３人／月であったのが、２０２０年以降では５～６人／月になっている。従来から定年退職者が応募するケースが多かったが、コロナ禍では、それ以外にも在宅ワークの隙間時間や有給を使う者、早期退職した者もボランティア応募者の中でみられ

＊11　難波江・香月（２０１８）は、日本国内のフードバンクに対するアンケート調査から、ボランティアの確保が比較的容易である大都市圏では多くのボランティアが活動している一方で、地方で活動するフードバンクではボランティアの確保が容易ではない状況を明らかにしている。

始めている。応募者数が増加するとともに、応募の背景も多様化しているのである。その一方で、フードバンク関西では事務所兼倉庫の収容能力の問題から、応募者の作業可能日が非常に限られるなどフードバンク関西が求める作業時間を満たすことが難しい場合や、応募者の年齢が70歳以上の場合は採用を見送らざるを得ないようになっている。結果として、70歳未満で、居住地が事務所から近距離になるなど参加しやすい環境にあることで、長期的に活動し続ける者が少なくない。また、フードバンク関西のボランティアも無償での活動になるため、食品ロスや貧困といった地域社会の課題への高い意識も不可欠になると推察される。[*12] 採用されたボランティア数をみると、設立された２００３年には12人であったが、２０１２年に約50人、２０２０年に約１００名、２０２１年では約１２０人にまで増加している。ただし、長期的な活動の持続性をみた場合、ボランティアの高齢化も懸念事項として指摘できる。とりわけ食品配送を担うボランティアが減少しており、今後はこうした活動を担当でき、なおかつ食品ロス削減や生活困窮者への支援に対して志のある者を獲得していくことが重要になろう。

4. おわりに

本章では、地域社会におけるフードバンクによる食料の再配分とそれを支えるボランティアの拡充の実態について整理した。日本国内で活動する他団体と同様に、フードバンク関西も対象地域において食料の再配分を実現させることで食品ロスの解消と生活困窮者への支援を担っている。フードバンク関西の支援対象がこれまで拡大してきたことからも、その重要性は高まってきたことが窺える。換言すると、フードバンク関西の対象地域においても支援を求める人々が増加しているということである。食品ロスと生活困窮者の増加という社会経済の問題に対して、これまで解消に向けた取り組みは拡大し多様化してきたが、その一方で問題自体もコロナ禍という環境変化も影響したことで深刻化したと言える。今後は、フードバンクに対する、資金、取扱食品、活動人員の各面での意識向上や支援の充実がさらに重要になるだろう。

これらの側面のうち、活動人員について補足すると、フードバンク関西は全て無償ボランティアであることから、どれほど問題を解消できるかは、ボランティアの上記社会問題への意識と、その解消に対する意欲の高さ、各人の活動可能時間に大きく依存することになる。現在、フードバンク関西ではボランティアの不足に陥っているわけではなく、収容能力を考慮しながら、長期的な活動が見込める者をボランティアに採用している。そうした状況下でも、今後、長期的に食料の再配分にかかる活動を維持あるいは拡大させていくうえでは、フードバンク関西の活動を知り、それを担うことを希望する者を確保し続け、ボランティアの世代交代を図っていくことも求められる。その意味でも、個々人の社会問題への意識とともに、

＊12　フードバンク関西のボランティア4名に対して、活動に参加した背景と活動を通じて実感していることについて確認したところ、前者では、①子どもの貧困問題に関心があったこと、②食品の廃棄に関するニュースをみて関心をもったこと、③地域社会に貢献したいと思ったこと、④活動場所が居住地から近距離であったことを挙げている。また、後者では、（ⅰ）食品の配送先が書いた感謝の手紙から地域社会への貢献、（ⅱ）食品の入庫量から社会の中で発生する食品ロスの深刻さ、（ⅲ）学生や企業への啓発活動からフードバンクの認知度の低さをそれぞれ実感していると回答している。

フードバンク活動の認知度を高めていくことには意義がある。

最後に、残された課題について1点指摘したい。それは、活動人員の獲得に関する地域的差異への注目の必要性である。本章で整理したフードバンク関西は大都市圏で活動し、比較的ボランティアの確保が容易な団体と位置付けられるが、大都市圏以外の地域で活動する団体については言及することができなかった。他地域で活動する団体についても、ボランティアの獲得を含む運営実態を明らかにすることは、社会経済がCOVID—19の流行を経て大きく変容した状況でのフードバンクの社会的役割を俯瞰するうえでは重要になる。この点については、今後の検討課題としたい。

【参考文献】

小林富雄（2020）『増補　改訂新版　食品ロスの経済学』（農林統計出版）

小林富雄・野見山敏雄編（2019）『フードバンクの多様性とサプライチェーンの進化：食品寄付の海外動向と日本における課題』（筑波書房）

佐藤順子編（2018）『フードバンク：世界と日本の困窮者支援と食品ロス対策』（明石書店）

難波江任・香月敏孝（2018）「我が国のフードバンク活動の状況と課題：フードバンク組織の財務・運営状況を中心に」（『農業問題研究』第50巻・第1号［通巻第82号］、37—49頁）

農林水産省（２０２２）『食品ロス及びリサイクルをめぐる情勢〈令和４年８月時点版〉』https://www.maff.go.jp/j/shokusan/recycle/syoku_loss/attach/pdf/161227_4-52.pdf（２０２２年11月19日確認）

第4章 地域の食資源と六次産業化

葉山 幹恭

1. 地域食資源とは

地域の食資源という言葉を聞くと、一般的に農産物、特産品、名物料理といった食品を連想されることが多いと思われる。特定の地域では調味料を連想される場合があるかもしれない。しかし、それらは地域の食資源というものの全体を考えた場合、少し狭義な解釈であると言える。

資源という言葉を辞典で引くと、「生産活動のもとになる物質・水力・労働力などの総称（広辞苑）」と説明されている。それを食に関したもので考えれば、食における物質は食品および調味料といったところが該当するものであろう。そこに水力・労働力というような物質に対して作用・利用する様々な存在が加わる。これに該当する存在を考えれば、食品を調理する（料理）人、調理をするための場や使用する器具など、食品を提供する飲食店や販売店といったところを挙げることができるだろう。また、さらに視野を広げると食に関連する祭りやイベント、食のコミュニティ、食に関連する歴史といったところも食に作用・利用する存在として含めることができると考えられる。この点についてはイメージしやすいよう、歴史に関する食資源の例を挙げて説明していく。

・炭鉄港めし

北海道に炭鉄港推進協議会という団体があり、「炭鉄港ポータルサイト」というウェブサイトが運営されている。炭鉄港とは「空知（炭鉱）、室蘭（鉄鋼）、小樽（港湾）の三都とそれらを繋ぐ鉄道を舞台にした近代化産業遺産群」と同ウェブサイトで説明されている。そして、このウェブサイトには「炭鉄港めし」という特設ページで、芦別の「ガタタン」、美唄の「美唄焼き鳥」、赤平の「がんがん鍋」など、炭鉱などで働く労働者に親しまれていた食べ物が代表的なメニューとして紹介されている。労働者の冷えた体を温めることができたり、満足できるボリュームであったりする食べ物が多く、地域の労働者とその中で作られて（食べられて）きた食べ物とがかかわりの深いものであることがわかる。時代が変わり、以前のような労働者がいなくなった現在でも地域の人々になじみの深い食べ物として続けて食されているとともに、これらの食べ物を目的に訪問する人々もいることから食資源としての歴史的価値を有するものであるといえよう。

以上のような解釈、事例を踏まえ、筆者は食資源という言葉を幅の広い解釈をするべきものだと考えている。

2. 地域の食資源の価値

前述した地域の食資源というのはどのような価値を有しているのであろうか。ここでは食資源が持つ価値について、ブランドとしての価値や経済的価値など様々な視点に分け、事例を交えて紹介していく。

・地域ブランド

まず、価値の一つとしては食資源が地域ブランディングとして非常に強い材料であることが挙げられる。有名な事例に大分県ブランドの関あじ・関さばがある。大分市のウェブサイトで関あじ・関さばは次のように紹介されている。「瀬戸内海と太平洋の水塊がぶつかりあう豊後水道で、一本釣りによりとれるマアジ・マサバの事を大分市の「関あじ」「関さば」と呼びます。そのうまさ、歯ごたえのよさから、高級魚として重宝されています(大分市)」。一次産品のブランディングでは基準を明確化することが重要になる。この点、関あじ・関さばは、①大分県漁業協同組合佐賀関支店組合員であること、②一本釣りであること、③面買い（熟練した職員が手で直接触れず目測し買い取る。人間の体温は高く、手で触れることで魚の鮮度を落としてしまうため、それを避けるための方法である）であること、④専用のタグシールが貼付されていること（基準については特許庁の地域団体商標登録の情報を参照した）、以上のような基準が存在する。品質の高さを裏付け、それを高いレベルで保持するための条件が消費者から高い評価を受けることに繋がっている。

また、この関あじ・関さばは「地域団体登録商標」に登録されている点も注目すべき点である。地域団体登録商標とは２００６年４月１日に地域経済の活性化を目的に導入されたもので、「「地域ブランド」として用いられることが多い地域の名称及び商品（サービス）の名称等からなる文字商標について、登録要件を緩和する制度（特許庁）」のことである。この制度が導入される以前は、地域の名称と商品の名称からなる文字商標の登録については、「全国的に知られていること」が要件であったため、登録のハードルが非常に高いものであった。厳しすぎる要件はこれから地域ブランドとして確立していこうとする団体などの障壁になってしまうが、要件が緩和されたことで多くの地域の特産品が商品に地域名を使うことができるようになっている。

・雇用

当然のことであるが、農業や漁業などを行うには人的資源が必要であり、地域の食資源が継続して存在することで雇用が維持される。また、一次産品の生産がある程度の規模である場合、それを加工する産業が地域内で成立する可能性も高くなる。食品製造業が地域に存在することは地域の経済・雇用への影響も大きい。例えば、「ゆずの村」として知られる高知県馬路村の例は、加工による雇用への影響の参考になるだろう。馬路村は林業が盛んな地域であったが、林業の衰退とともに地域の産業を見直す必要性が出てきた。そこでもともとこの地域で生産されていたゆずに着目されたが、生産者の高齢化によって、これまで生産されてきたゆずの特徴や見た目の良さを維持することが難しくなった。そこで、青果として出荷するのではなく加工するという方向性に進んだとされている。そして、作られた加工品の「ゆずドリンク」や「ぽん酢」が人気となり、２００５年には新工場ができるまでになっている。農林水産省が作成する「６

次産業化取組事例集（令和3年3月）」によると、取り組みの効果として売上高が1989年の1億円から2019年には29億円となり、雇用者数が1989年の19名から2019年には91名へと増加するという大きな変化が起きている。

・観光資源

次に地域の観光資源としての価値である。ここでは、同じ観光資源としての価値であっても、取り上げる内容が異なることから、さらに3つに分けて紹介していく。

（1）観光商品としての食

まず観光の1つ目としては食が観光商品そのものとなっていることを挙げる。旅行会社では季節ごとに旬の食べ物を目的とした観光商品を扱っている。代表的なものの一つとしてはカニを扱った商品である。漁が解禁する時期になると様々な産地を商品として提供される。食資源が観光資源として価値の高いものであることがわかる例といえよう。

（2）観光への誘導としての食

観光の目的地を決める動機づけは様々なものがあるであろう。その一つのきっかけとして食資源が挙げられる。ここでは例として「B―1グランプリ」を紹介する。B―1グランプリはご当地グルメでまちおこしをしようとする団体が参加し、食から地域の良さを知ってもらおうとするイベントである。イベントの目的として公式ウェブサイトには次のような記述がある。「自分たちのまちを愛する熱い仲間たちが集い、ご当地グルメをきっかけとして地元に来てもらいたいという思いで、地域ブランドを高めることにつなげるイベント」。食は流動（動かすことのできる）資源であり、食を入口として地域に訪れることを目的にできるのは、この資源の特性を活かせるからである。

（3）食の生産・流通・加工場の観光化

食べ物が観光の目的となることは先に述べている通りであるが、それを作る場というものも目的地の一つとなっている。近年、工場見学が人気であり、食品加工場の見学も希望者が多くなっている。例えば先述している馬路村ではゆずの加工をしている工場見学が行われており、まちの観光スポットになっている。また、加工場以外では流通の場である市場や生産の場である農園といったところも同様に観光の目的地となっているのである。食は流動資源ということを前述したが、食資源の一部である作る場は固定資源である。食資源全体でとらえると流動と固定のどちらも有するということは、活用の幅が非常に広い資源であると言える。

3．地域食資源の発掘

ここまでの内容は主に食資源が地域にある前提のものであったが、すべての地域において食資源が豊富に存在するわけではない。また、地域によっては広く知られる特産物を活用した取り組みを進めることができるが、これもすべての地域で有名な特産物を有しているわけではない。食資源は前述したように取り組みやすい地域の材料ではあるが、多くは食資源が豊富な地域や知名度の高い食資源を有する地域に限られた取り組みとなりがちである。

ここでは、食資源が豊富にない地域でも取り組める方法として、地域の食資源を再発見したり、新たに生み出したり、地域差を食資源の価値として打ち出した事例から、地域の新しい食資源の生み出し方を見ていく。

・伝統野菜への注目

まず一つ目が地域で古くから栽培している（していた）種類の農産物に着目する動きである。現在では、優れた品種が誕生すれば多くの地域で同じ品種が生産されることが多い、例えばお米ではコシヒカリが多くの地域で栽培される品種として有名である。どこでも高い品質の農産物が生産され、多くの人が食べられるようになる半面、地域の農産物としての個性が弱まってしまうことにも繋がっている。古くからその地域で食べられてきた個性ゆたかな野菜などの価値を見直す動きは、伝統野菜のＰＲ活動や生産を復活させようとするプロジェクトとしていくつかの自治体などが取り組んでいる。その一例として、ここでは宮城県登米市の取り組みを紹介する。

登米市では２０１３年から２０１４年にかけ「登米市伝統野菜復活プロジェクト」が実施された。「ずだね（地種）、たねでます（探しています）。」というキャッチフレーズでポスターが作られるなど、広く伝統野菜の情報を求めた。この取り組みにより同プロジェクトの報告書によると20品目の伝統野菜の発見に繋がったとされている。

・歴史、物語

次は地域の歴史や物語に関連するものから食資源を創出しようという動きである。歴史・物語に関連するものであれば、地域で古くからつくられてきたような食べ物、例えば童話として有名な桃太郎であれば岡山のきびだんごを想像されると思うが、これは既存の食資源がそのまま物語に登場している例であり、ここで紹介するものとは異なる。ここでは歴史や物語に関連するところから新たな食資源を作ったと考えられる事例を紹介する。

事例は大阪府豊中市の「マチカネミート」というものである。マチカネミートは豊中市の新名物としてワニ肉を使った料理を市内の飲食店で提供していく取り組みであるが、なぜワニ肉であるのかというと、２０１４年豊中市の待兼山町（大阪大学豊中キャンパス内）で発見されたマチカネワニの化石が関係している。マチカネワニは約45万年前にこの地域で生息していたと考えられており、同市の市制50周年時にマチカネワニをモデルとした公式のキャラクター「マチカネくん」が誕生するなど、マチカネワニを使ったまちおこしが進められている。その豊中市で２０１６年に募集された「豊中市魅力アップ助成金」に「とよなか「食」ブランド創造事業」の申請があり、その事業としてマチカネミートが誕生するに至った。マチカネミートは公式マチカネミートＨＰによると市内の7店舗で提供され、日本ではあまり食べられることがないワニ肉を使った取り組みということで、様々なメディアでも取り組みが紹介されている。

・特殊性

次は地域では当たり前に存在していた食べ物であるが、他の地域にみられない特徴があるという特殊性を明確にしようという動きである。同じ名称の食べ物であっても地域によって内容がかなり異なるものは少なくない。例えば、「桜餅」は関西で食べられるものはあんを餅で包むのに対して、関東ではあんを包むのは小麦粉で作る薄皮である。そのため名称は同じであっても全く異なる食べ物となっている。ほかにも「たまごサンド」が関西と関東で異なり、関東では茹でた卵をつぶしてマヨネーズ、塩などの調味料を加えたいわゆる「たまごサラダ」をパンで挟むのに対して、関西では厚焼き玉子をパンで挟んだものをたまごサンドとしている。このような違いを積極的にまちおこしに利用しているのが、長野県駒ヶ根市の「かつ丼」である。かつ丼と言っても多くの地域で一般的な、とんかつをたまごでとじるかつ丼ではなく、とんかつにソースがかかった「ソースかつ丼」というのが特徴である。この特徴をまちおこしに繋げるべく、それまで「かつ丼」という名称で当たり前に食べてきたものの違いを明確にするため「ソースかつ丼」という名称にするとともに、駒ヶ根商工会議所で「駒ヶ根ソースかつ丼会」という組織をつくり、町おこしの活動が進められた。この駒ヶ根のソースかつ丼はB―1グランプリにも参加する等、精力的な活動が実施されている。

4．六次産業化

次に紹介するのは「六次産業化」というものである。ここまで、地域の食資源ということに関して紹介してきたが、六次産業化も地域の食資源に大きくかかわる存在だ。六次産業化というものは経済学者の今村奈良臣氏（東京大学名誉教授）によって提唱された農業所得の向上と農村に多様な雇用の場を増やすこ

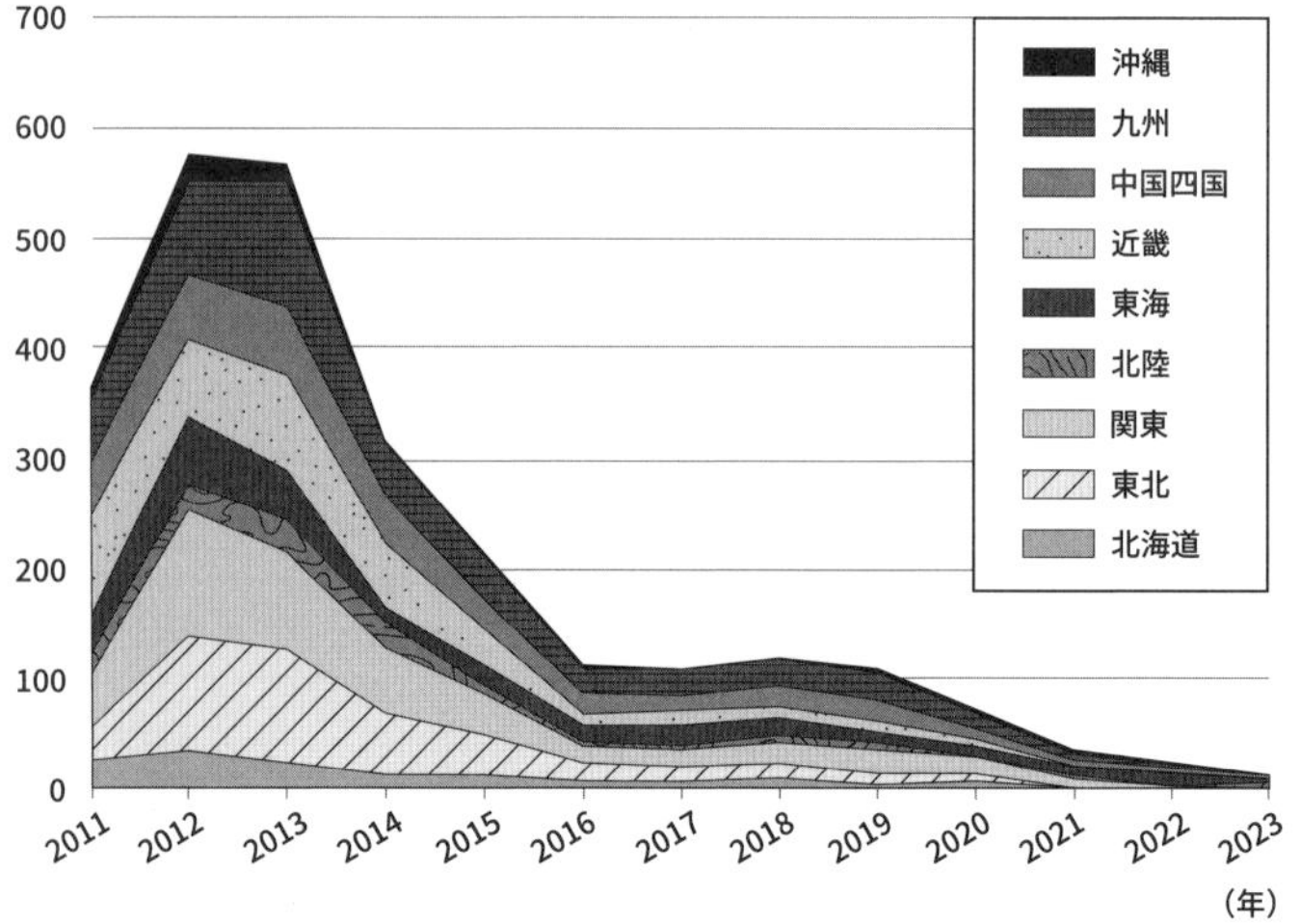

図１　総合化事業計画認定数の推移
農林水産省「認定総合化事業計画一覧（令和５年２月28日時点）」より筆者作成。

とを目的とする考え方である。六次産業化という名称になっているのは、農業などの一次産業、それを加工する二次産業、そして農産品や加工品を販売する三次産業を一体的に取り組んでいくというものであることから、１×２×３＝６という数になったものである。この六次産業化が大きな動きとなったのが、２０１０年に公布[*1]された「地域資源を活用した農林漁業者等による新事業の創出等及び地域の農林水産物の利用促進に関する法律（略称：六次産業化・地産地消法）」による取り組みである。[*2]この取り組みの中身は複数あるが、ここではその一つとして「総合化事業」というものに絞って述べていく。総合化事業は六次産業化に関する取り組みをする農林漁業者等が総合化事業計画を作成して申請手続きを行い、認定を受けたものについては事業に必要な経費に対して補助を受けることができるものである。総合化事業の認定数は図１のように推移しており、特に制度が始まってからの数年間に多くの総合化事業が認定されたことがわかる。

5．六次産業化の効果

前述のように取り組まれるようになった六次産業化であるが、これらの取り組みによる効果には六次産業化の目的であった付加価値の向上がある。この効果は六次産業化に取り組むことで起きる直接的効果と言えるが、直接的な効果以外にも六次産業化に取り組むことで間接的な効果が生まれていると考えられる。ここでは、その間接的効果についていくつかの可能性を述べていく。

・チャレンジ精神の向上

これまで多くの農家は生産に特化した事業を行ってきた。六次産業化・地産地消法が公布される前の２０１０年の調査（世界農林センサス）によれば「農業生産関連事業を行っていない」という割合が７９・１％（全国）であったことがわかっている。生産に特化しているからこそ世界的にも高く評価される品質のよい農産物が生産されているということが言えるだろう。しかし、農産物の生産だけでは多くの

＊１　施行日は地産地消関連が２０１０年12月３日、六次産業関連が２０１１年３月１日である。

＊２　農林水産省による六次産業化の定義は「一次産業としての農林漁業と、二次産業としての製造業、三次産業としての小売業等の事業との総合的かつ一体的な推進を図り、地域資源を活用した新たな付加価値を生み出す取組（農林水産省）」である。

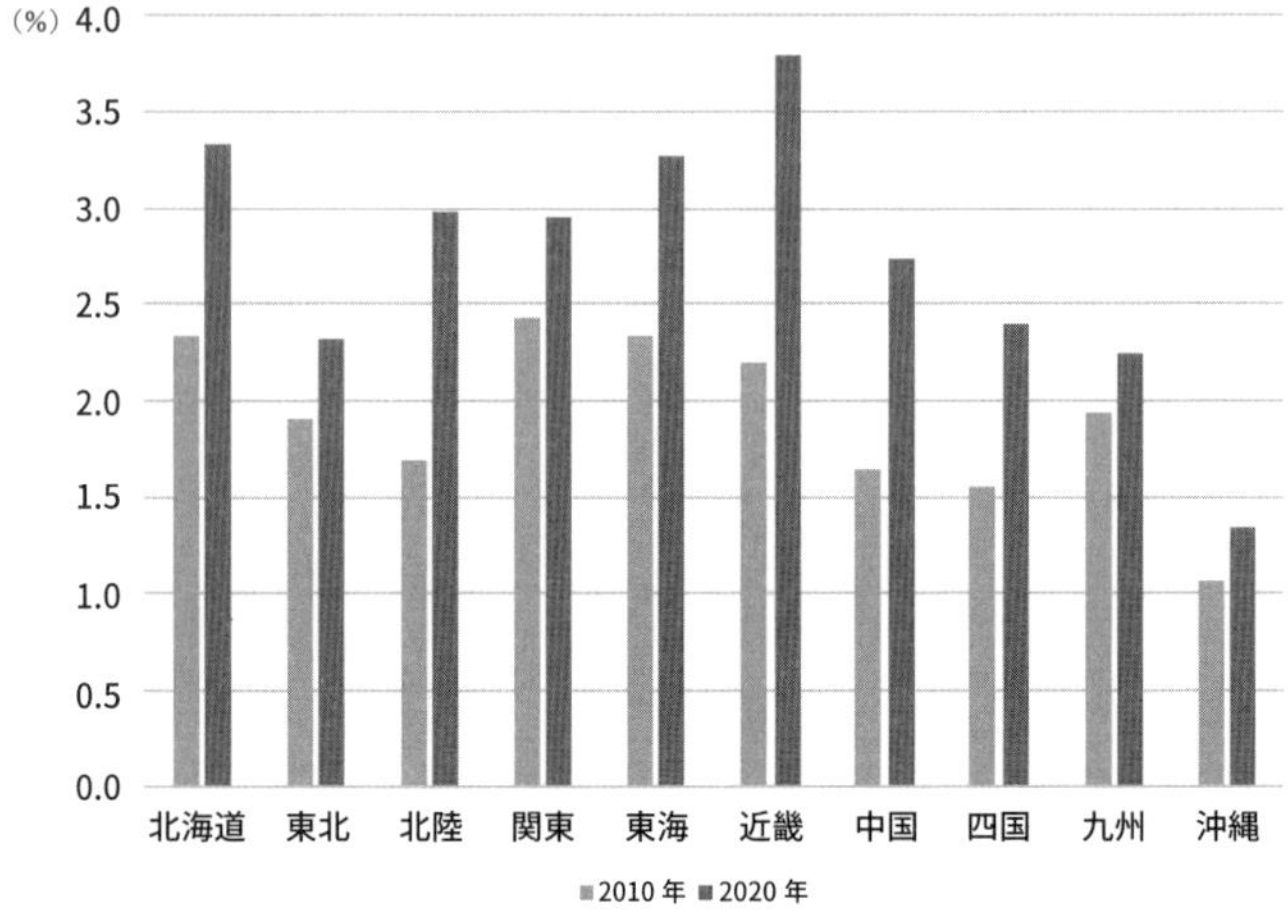

図2　地域ごとの農業生産関連事業を行っている割合
農林水産省「2010 年世界農林業センサス」、「2020 年農林業センサス」より筆者作成。

農家が所得を十分に得られない状態であるということは、六次産業化によって付加価値を向上させようという取り組みが政策として進められていることからも明らかである。質の高さを維持するために十分な所得を得られないような状況であっては本末転倒である。その状況を打開するためには新たな取り組みにチャレンジしようとする者の存在が欠かせない。

２０２０年農林業センサスでは「農業生産関連事業を行っていない」の割合が78・5％（全国）となった。また、図2を見ていただきたい。これは先述している２０１０年と２０２０年のデータを地域ごとに比較したものである。すべての地域で２０１０年よりも割合が増加していることがわかる。少しずつかもしれないが、付加価値を高めようとチャレンジする農家が増えていることは大きな変化であると言える。

・余剰資源の活用

次に余剰資源の活用となっているという点である。農業（特に耕種）では農繁期、農閑期という言葉があるように、収穫のため人手が不足する忙しい時期と比較的余裕のできる期間がある。特に農業の収入が主たる専業農家は複数の種類・品種を育てることやビニールハウスなど施設園芸にすることによって、できるだけ農繁期と農閑期の差が出ないようにすることが一般的である。しかし、差が出ない（余剰とならない）という状態を作るのはかなり困難なことであろう。そこで六次産業化に取り組むことで、農閑期に加工、販売といった事業に力を入れるという選択肢もできる。また、忙しさという点だけではく、加工品であれば賞味期限が長いものが多く、収入という面でも差が生まれにくいような安定的な状況を作り出すことに繋がる効果があると言える。さらに、農産物の生産では規格外のものが一定量発生するが、一般に流通させることができないものでも加工の材料として使用できるのであれば余剰資源の活用としての効果は高い。

・バリューチェーン

次にバリューチェーンという効果である。バリューチェーンは関連する一連の事業活動を価値の連鎖とする考え方である。六次産業化において農産物の生産から加工、販売を考えれば、生産だけでは考えなかった価値が生まれることもある。例えば、生産においては色や形など、流通するために適したものであることが重視されるが、加工の原材料と考えた場合は、味や香りなどといった別の要素の重要性が高かったりもする。そうすると生産する農産物の種類や品種の選択肢も変わってくるだろう。選択肢が広がることは安定的な収入や付加価値の向上といったところにも影響を及ぼすことであるため、六次産業化はそういった面でも効果があると言える。

6．六次産業化の難しさとその対策

これまで六次産業化に取り組むメリットについて述べてきたが、当然、このような新たな取り組みに挑むということはリスクがある。大きな問題としては、やはり事業が失敗してしまうリスクが一番に挙げられる。また、六次産業化のような取り組みは一般的な企業の展開であれば多角化[*3]と呼ばれるが、そのデメリットでは、事業が分散したことにより経営資源も分散されること、事業拡大により、損失を出した場合の規模も拡大する可能性があることなどが指摘されており、六次産業化でも同様の事態が生じる可能性がある。

では、こういったリスクに対してどのような対策をとるべきであろうか。失敗するリスクについては、これも多角化のことから言及すると、もともと行っている事業との関連性の有無が重要になる。六次産業化は生産する農産物を加工して販売するというものであるため、ある程度の関連性がある展開といえるが、関連性は高ければ高いほどリスクを低減できる可能性があるものである。そのことから考えれば、生産する農産物の特徴・特性に合った加工となっているかというような関連性、この場合は農産物と加工との適合性といったほうが良いかもしれないが、そういった視点が重要である。また、分散や規模の拡大に伴うリスクについては、経営管理の重要性が増すため、適正な規模にするための綿密な事業計画が必要になる。

7. 今日の六次産業化で重視されていること

六次産業化というものが取り組まれるようになった初期には農家が生産したものを自ら加工し、販売を行うかたちが想定されていたが、年月が経ち、農業や地域を取り巻く環境は変化している。また、前述したように六次産業を実現していくには難しい部分が存在する。そういったところを今日の六次産業化では考えなければならない。実際、六次産業化を推進してきた農林水産省も、農家がすべてを行う六次産業化よりも地域が連携した六次産業化を推進する資料を公開している。

大企業でも新たな分野に足を踏み入れる多角化を進める場合には、進出する分野に関連する企業との業務提携や資本提携などを行うことも多い。リスク回避や経営資源の効率的利用を考えれば合理的な判断であると言える。六次産業化を農家が単独で実現しようとする経営判断は非常に困難な道のりを進むものだということが大企業の判断からもわかる。こういったことから加工に関して経営資源を有する事業者、販売に関して経営資源を有する事業者との連携が、リスクを下げる方向性の一つとして示されている。

8. 農山漁村発イノベーション

六次産業化は前述している総合化事業計画認定数の推移（図1）から現在の新規の申請はあまり多くな

＊3　もともとの事業とは異なる新しい事業を展開していくこと。

いことが窺える。これは六次産業化を進める価値がなくなったということではなく、長期間にわたって実施された支援策が必要な人々に利用され、一定の役割を果たした結果と考えるべきであろう。そして、農林水産省では現在、六次産業化への支援は継続的に行われているが、新たに「農山漁村発イノベーション」という名称で、六次産業化のための地域連携よりもさらに広範囲な、農山漁村の多様な地域資源を連携させた、新事業の創出や付加価値の向上を図る取り組みが進められている。六次産業化はその取り組みの中の一つとして位置づけられている。

この農山漁村発イノベーションはその名称の通りイノベーションが狙いであるが、イノベーションというものを理解するためには経済学者のシュンペーターを紹介する必要がある。シュンペーターの著書『経済発展の理論』のなかでは「新結合」という言葉が使用されている。この「新結合」というものがイノベーションという考え方を示したもので、生産要素の結合が変わることで新しい価値が生み出されるというものである。つまり、イノベーションというと全く新しいものが誕生することを指すように考えられるかもしれないが、既存の資源同士が結合することでも新しい価値は生み出されるということである。そして、農林水産省が作成する農山漁村発イノベーション関連の資料では、この新結合と同様の解釈で、「地域資源と事業分野、事業主体を組み合わせ、新事業や付加価値を創出（農林水産省農村振興局）」する取り組みであることが記されている。

地域の食資源は様々な地域資源との関係性が深いものである。これまでの六次産業化では食資源と直接的に関係する加工や販売との連携というものが考えられてきたが、地域の資源全体に結合の対象を広げることによって地域にイノベーションが起こることが望まれる。

9．地域の食資源価値の再認識と創造

ここまで述べてきたように食資源による地域の取り組みには様々なものがあり、どのような地域でも資源を活かすことができるものである。また、六次産業化や農山漁村発イノベーションのように食資源の価値をさらに高めていこうとする取り組みも進んでいる。地域がどのような形で食資源を活かしていくのかは、それぞれの地域環境で異なると思うが、地域における食資源の価値を再認識する必要性については、どの地域でも共通する部分があると考えている。それは、食というものが人々の生活の中で当たり前に存在しているものであり、身近過ぎることでその価値について認識していない面も多くあるからである。紹介してきた事例のなかでも、地域の特徴があるにもかかわらずこれまでその特徴に価値があることに気付けていなかったものがいくつかあった。このことは地域の価値を発見する難しさとともに地域には埋没している価値がまだまだ存在することを示唆している。地域の食資源を改めて見直し、地域価値の創造に取り組む意味は十分にあると言えよう。

【参考文献】

炭鉄港ポータルサイト（https://3city.net/［閲覧：２０２３年10月31日］）
村上喜郁（２０２３）「地域振興における食資源の体系的整理」（日本フードツーリズム学会誌・第

２号）
中村忠司編著（２０２２）『人はなぜ食を求めて旅に出るのか――フードツーリズム入門』（晃洋書房）
大分県漁業協同組合佐賀関支店（https://sekiajisekisaba.or.jp/［閲覧：２０２３年10月31日］）
特許庁「地域ブランドの保護は、地域団体商標制度で」（https://www.jpo.go.jp/system/trademark/gaiyo/chidan/index.html［閲覧：２０２３年10月31日］）
馬路村農業協同組合（https://www.yuzu.or.jp/［閲覧：２０２３年10月31日］）
農林水産省「６次産業化の取組事例集（令和３年３月）」
農林水産省「日本食文化ナビ―食文化で地域を元気にする本―」
Ｂ―１グランプリ（https://www.b-1grandprix.com/［閲覧：２０２３年10月31日］）
農林水産省「農林漁業の６次産業化」（https://www.maff.go.jp/j/nousin/inobe/6jika/index.html［閲覧：２０２３年10月31日］）
登米市産業経済部ブランド戦略室（２０１５）「伝統野菜復活プロジェクトの結果報告書」
豊中市「マチカネくん」（https://www.city.toyonaka.osaka.jp/miryoku/machikane/index.html［閲覧：２０２３年10月31日］）
公式マチカネミートＨＰ（https://machikanemeet.jimdofree.com/［閲覧：２０２３年10月31日］）
駒ヶ根ソースかつ丼公式サイト（http://www.komacci.or.jp/katsu/index.html［閲覧：２０２３年10月31日］）

日本協同組合連携機構（ＪＣＡ）「今村奈良臣先生の部屋」（https://www.japan.coop/wp/publications/publication/search_archive/chief_column/imamura_column［閲覧：２０２３年10月31日］）
農林水産省「認定総合化事業計画一覧（令和5年2月28日時点）」
農林水産省「２０１０年世界農林業センサス」
農林水産省「２０２０年農林業センサス」
農林水産省農村振興局「農山漁村発イノベーションの推進について（令和5年7月）」
塩野谷祐一・中山伊知郎・東畑精一訳（１９７７）『シュムペーター　経済発展の理論（上・下）』（岩波文庫）

付記：本稿は「追手門学院大学プロジェクト型共同研究奨励費制度（２０２０年度～２０２２年度）」に採択された「質的食資源と地域振興に関する研究」の研究成果の一部である。

あとがき

ここで、各論考の内容について振り返ってみたい。

第1章「コロナ禍における創作活動とクリエイティブコミュニティ」（飯田星良）では、文化芸術の分野における創作活動が、単なる消費の対象に留まらず、交流を通じた新たなコミュニティを創造する機会として注目を集め、文化政策においてもまちづくりや地域再生との連携が意識され始めていること、そしてコロナ禍を契機に拡がったオンラインによる創作活動が、従来型のリアルでの活動と相俟って新たなコミュニティを構築していくために必要な制度はどうあるべきかについて論じている。

第2章「観光とコミュニティ——たかが観光、されど観光」（間中光）では、災害被災地の復興過程における多様な観光需要（ボランティアツーリズム・ダークツーリズム）の存在が、被災者の収入やコミュニティの下支え等の役割を果たすことを紹介しつつ、「真正性（本物らしさ：執筆者）」をめぐる観光研究の深まりの中で、観光客と地域住民との出会いや様々な交流が地域の性格やコミュニティを再構築することとの意義について論じている。

第3章「大都市圏のフードバンクによる支援拡大と運営上の課題」（佐藤敦信）では、わが国における食を取り巻く問題解決の糸口として「フードバンク活動」を取り上げ、地域における食品ロス削減や食料支援を必要とする施設や個人への安定的な再配分機能を構築するための課題として、ボランティア人材の確保と併せて活動に対する認知度を高め、国民的な理解醸成を図ることの重要性について論じている。

第4章「地域の食資源と六次産業化」（葉山幹恭）では、地域固有の資源である「食」に着目し、地域ブランド化・雇用創出・観光コンテンツ等の視点からみた価値が高まっていること、さらに「六次産業化・地産地消」施策の推進過程で、家族農業経営の複合化のみに留まらず、地域内での「農業・工業・商業」の連携が構築されることで地域価値の創造に帰結するイノベーションが期待されることについて論じている。

以上の論考において共通して指摘されたことは、コロナ禍を通じて顕在化した、持続可能な社会構築のための諸課題の解決には、交流・連携を通じた地域コミュニティの存続や再構築がカギを握るという点であろう。地域との交流・連携による実践的な学びが、学生たちが様々な地域課題に対峙する際の「当事者意識」を育むことは先に述べた。しかし、交流・連携を通じて変化するのは学生ばかりではない。忖度のない若者たちの〝まなざし〟を通して、自らの日常生活や地域社会の当たり前の中に潜む価値に地域住民が〝気づき〟を得るということも珍しいことではないのである（交流の「鏡効果」）。

このように考えると、〝地域に学び、地域を創る〟ことのできる主体は、当事者意識をもって地域に関わりはじめる（「関係人口」化した）学生だけではなく、交流・連携活動から気づきを得た地域住民との双方であると考えることができよう。ただし、これらの関係性が培われるまでには、相互の信頼関係とギブ&テイクの双務的関係の構築が不可欠であることは言うまでもない。学生の「新陳代謝」はやむを得ないとしても、地域と学生とを繋ぐ教員（大学）の役割は極めて重要となる。

域学連携を実践的教育活動の柱とする地域創造学部にとって、コロナ禍における対面活動の自粛は厳しい試練となったが、一方ではリアルとオンラインとの交流手法をハイブリッド型で駆使しつつ、連携関係の維持に努めてきた経験と蓄積がある。教員それぞれが担当する域学連携プロジェクトの成果と課題を可視化し、相互に情報を共有する活動も不断に行われてきた。本書では4名の若手教員に執筆を委ねたが、他にも「政治学・労働経済学・経営学・家族社会学・人文地理学・文化人類学・社会福祉学・農業経済学・家政学・観光学」など多彩な専門性を有する個性豊かな教員が日々、教育・研究・域学連携活動に励んでいる。

是非とも地域創造学部のホームページや「研究者総覧」などをご覧の上、興味をもって頂くことができれば望外の喜びである。

最後に、本書作成にあたりご尽力頂いた追手門学院大学研究企画課職員の皆さま、丸善プラネット株式会社の橋口祐樹氏に深く感謝する次第である。

二〇二四年　一月

追手門学院大学地域創造学部長　　藤田武弘

【編著者一覧】
藤田 武弘（ふじた・たけひろ）〔編者〕
追手門学院大学 地域創造学部長 地域創造学部 地域創造学科 教授
（農業社会構造、食料農業経済、観光学、地域研究）
飯田 星良（いいだ・せいら）
追手門学院大学 地域創造学部 地域創造学科 講師
（経済政策［文化政策、芸術政策］、教育社会学［芸術教育］）
間中 光（けんちゅう・ひかる）
追手門学院大学 地域創造学部 地域創造学科 講師
（観光学、地域研究、社会学）
佐藤 敦信（さとう・あつのぶ）
追手門学院大学 地域創造学部 地域創造学科 准教授
（食料農業経済）
葉山 幹恭（はやま・みきやす）
追手門学院大学 地域創造学部 地域創造学科 講師
（経営学）

OIDAI ライブラリー④
地域に学び、地域を創る

2024年2月29日初版発行

編　者　藤田 武弘

著　者　飯田 星良・間中 光
　　　　佐藤 敦信・葉山 幹恭　　©2024

発行所　追手門学院大学出版会
〒567-8502
大阪府茨木市西安威 2-1-15
電話 (072) 641-9723
https://www.otemon.ac.jp/

発売所　丸善出版株式会社
〒101-0051
東京都千代田区神田神保町 2-17
電話 (03) 3512-3256
https://www.maruzen-publishing.co.jp/

編集・制作協力　丸善雄松堂株式会社

Printed in Japan

印刷・製本／富士美術印刷株式会社

ISBN 978-4-907574-37-6　C1060